Welcome To Pocket Billiards, Snooker & Pool Shot School!

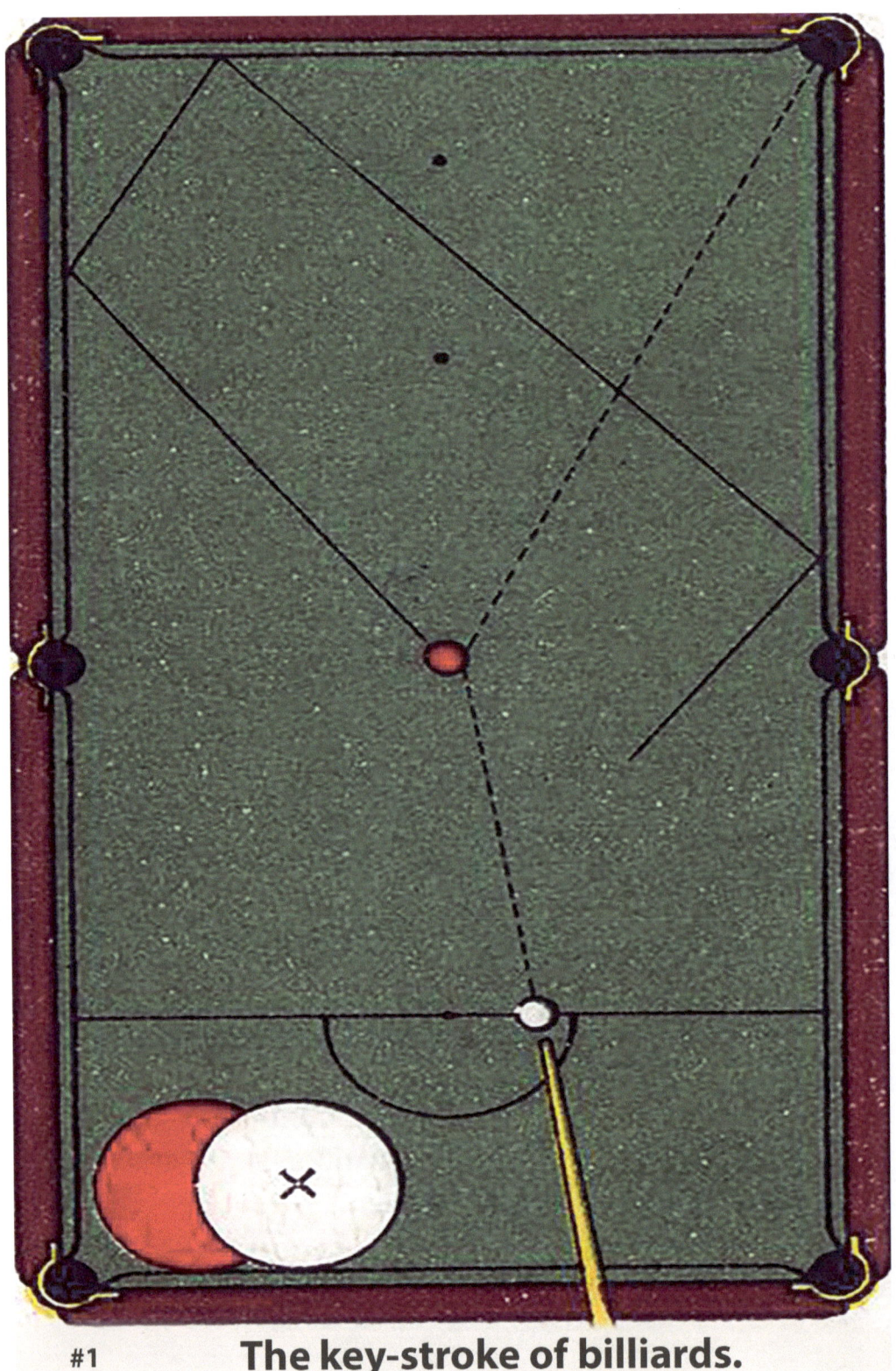

#1 **The key-stroke of billiards.**

#2　　　　　　　**A difficult in-off red.**

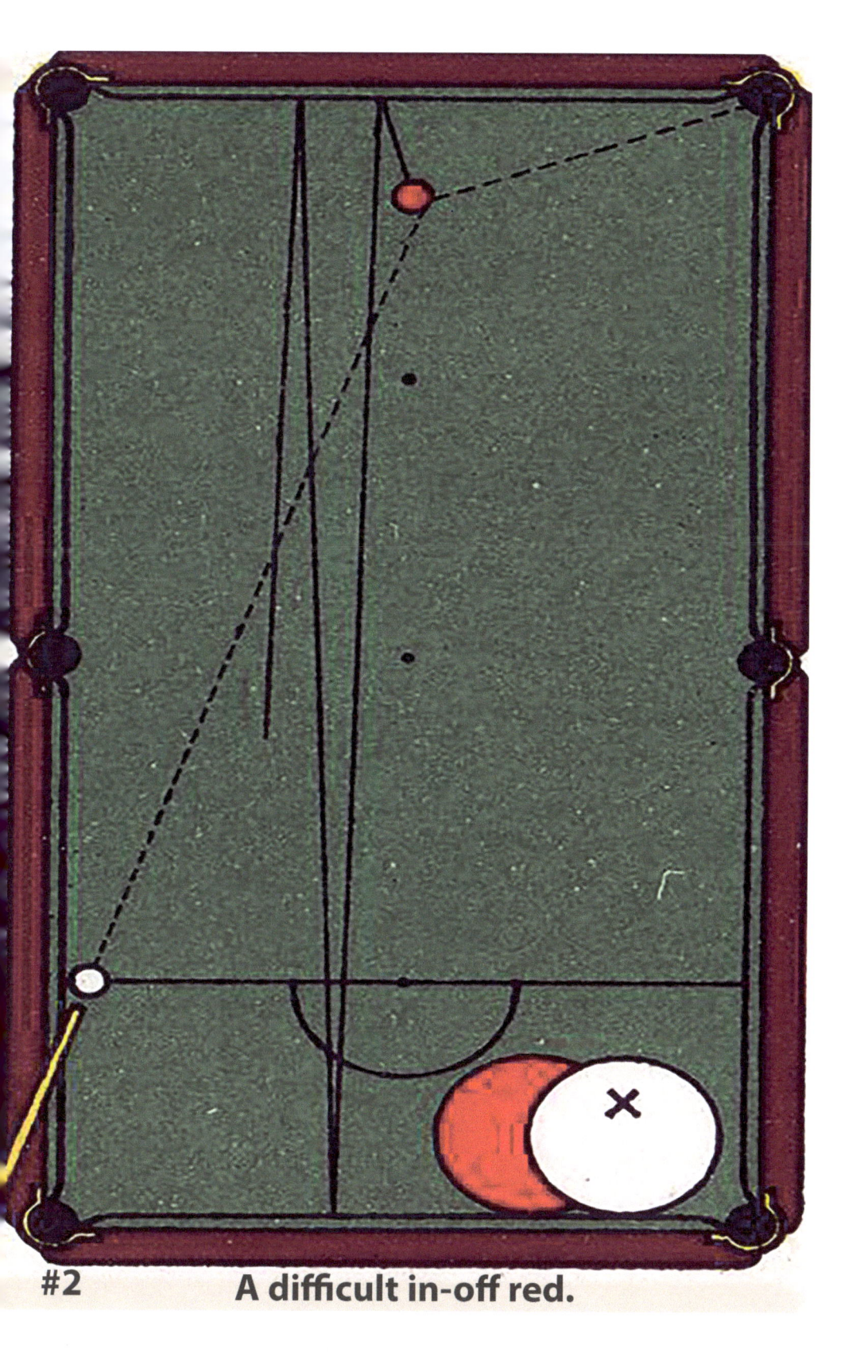

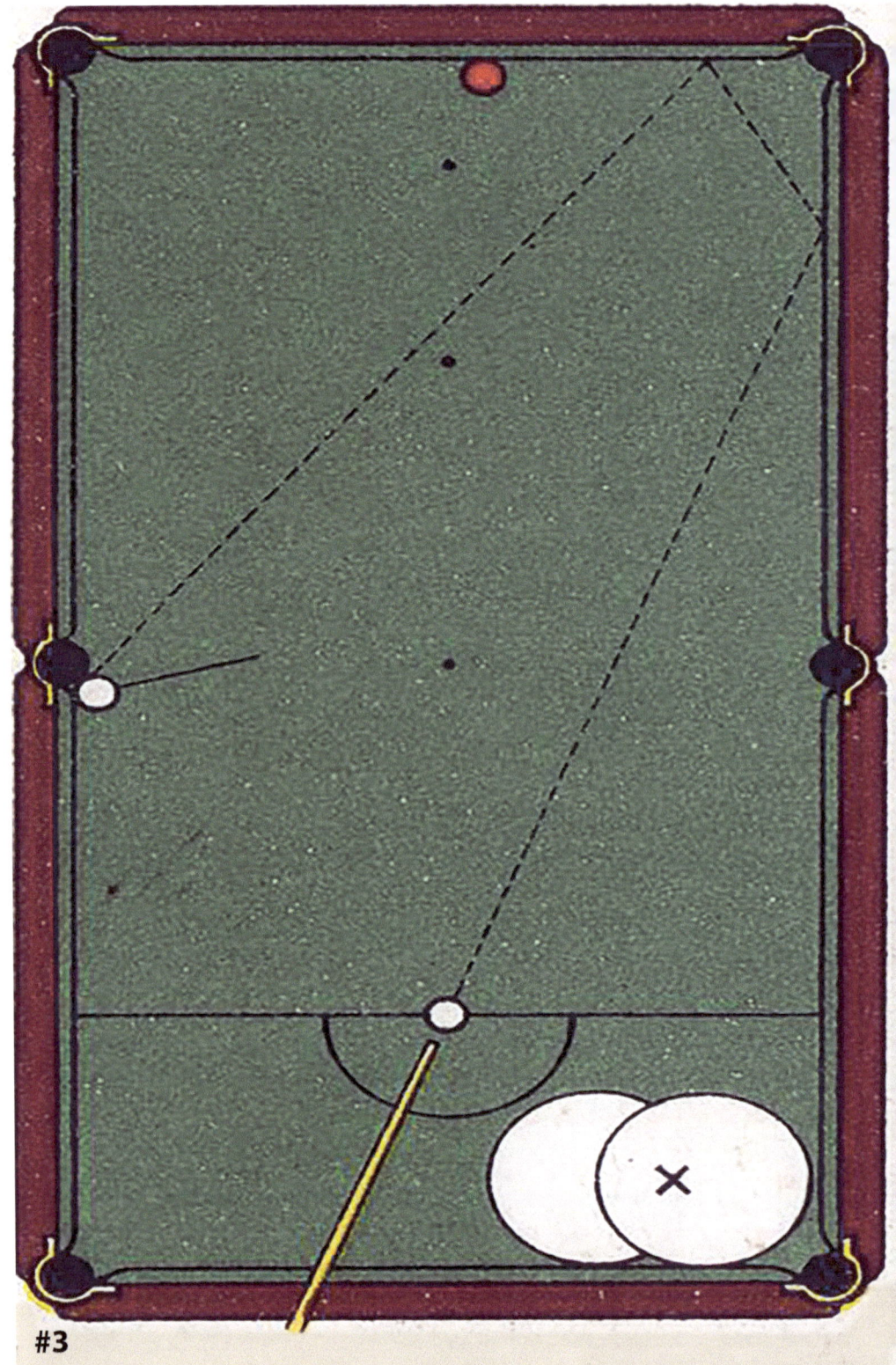

#3
Useful in-off white played to force an opening for a break.

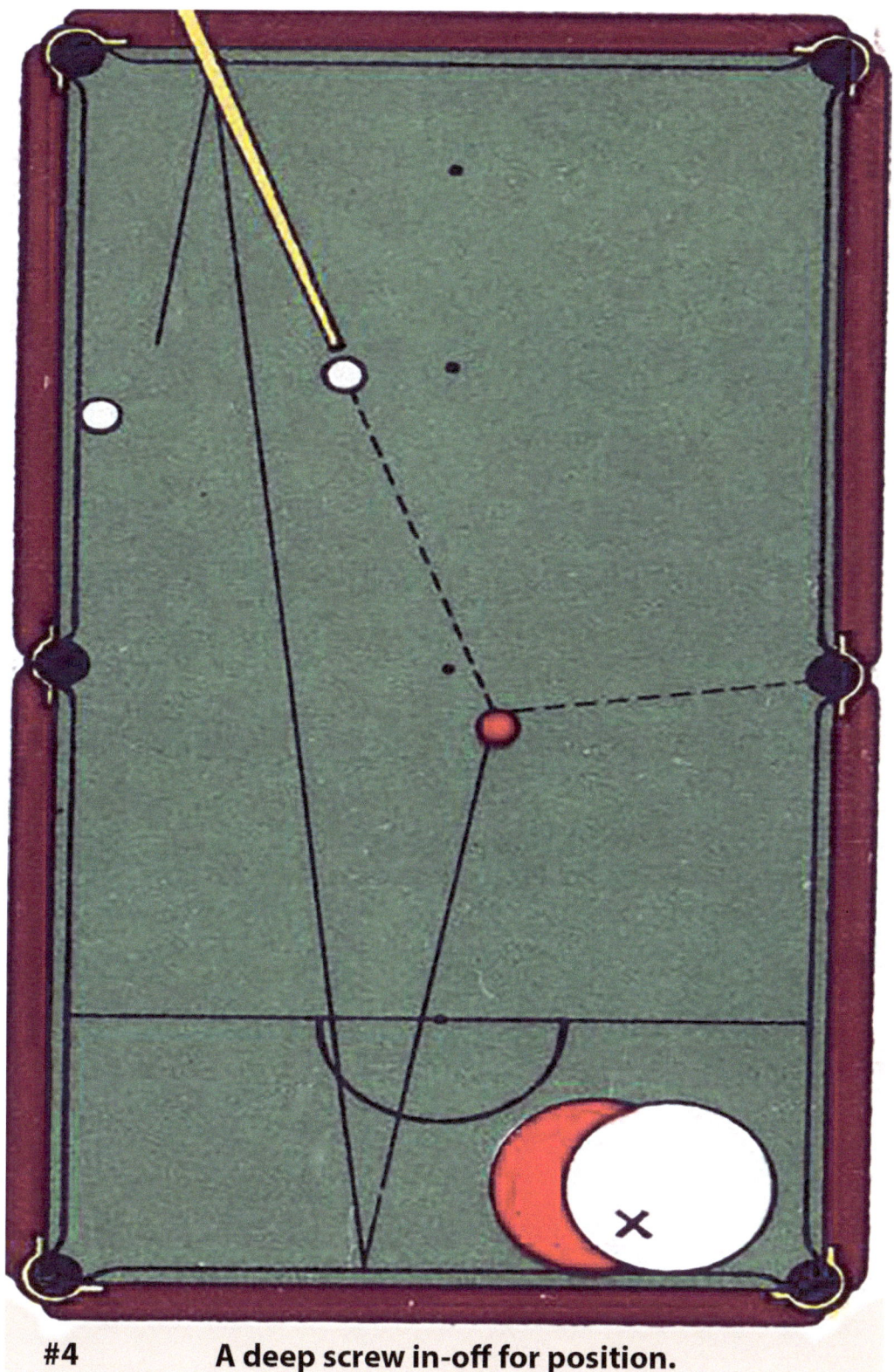

#4   **A deep screw in-off for position.**

#5 **Pretty all-round cannon for position.**

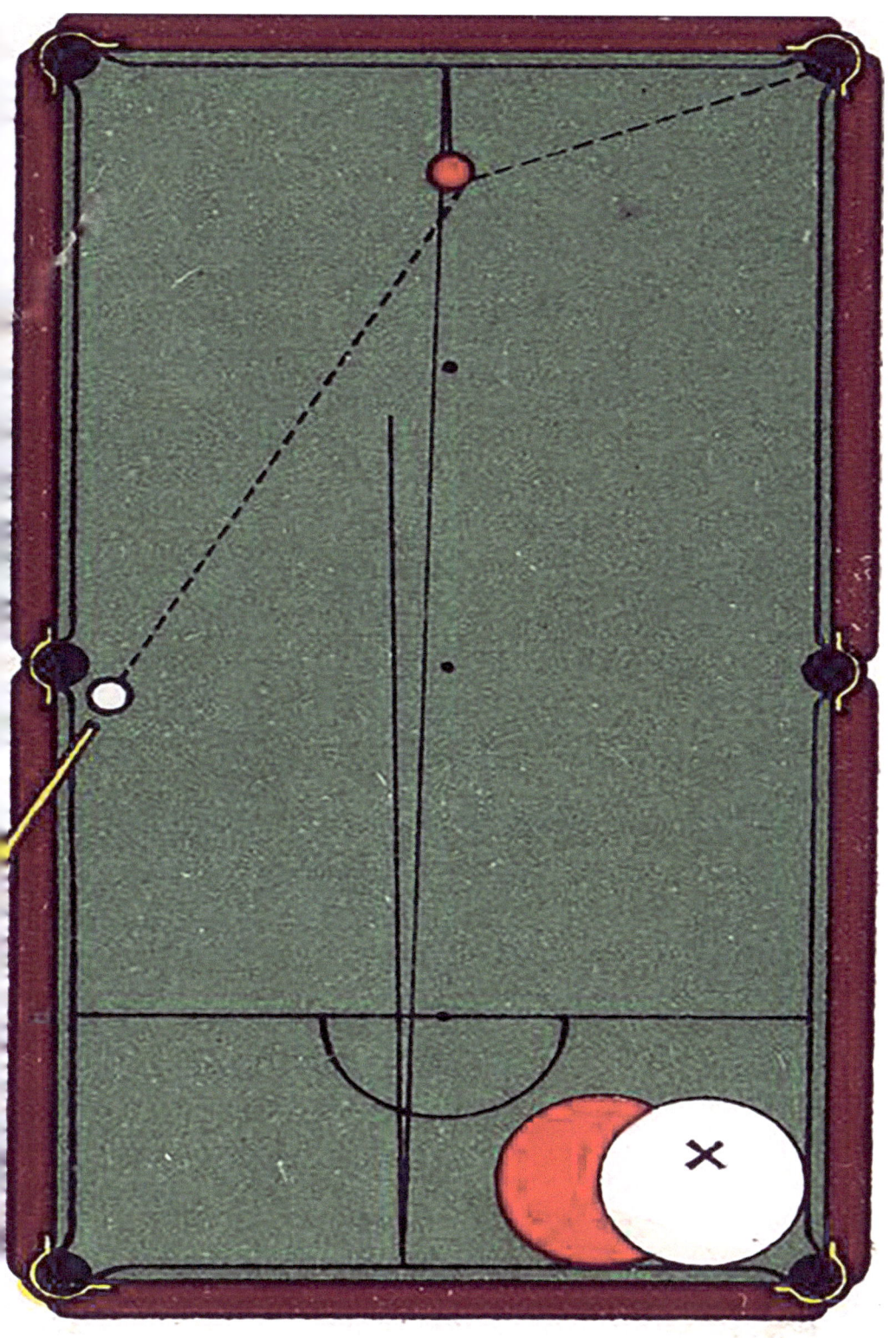

#6 **A useful in-off red.**

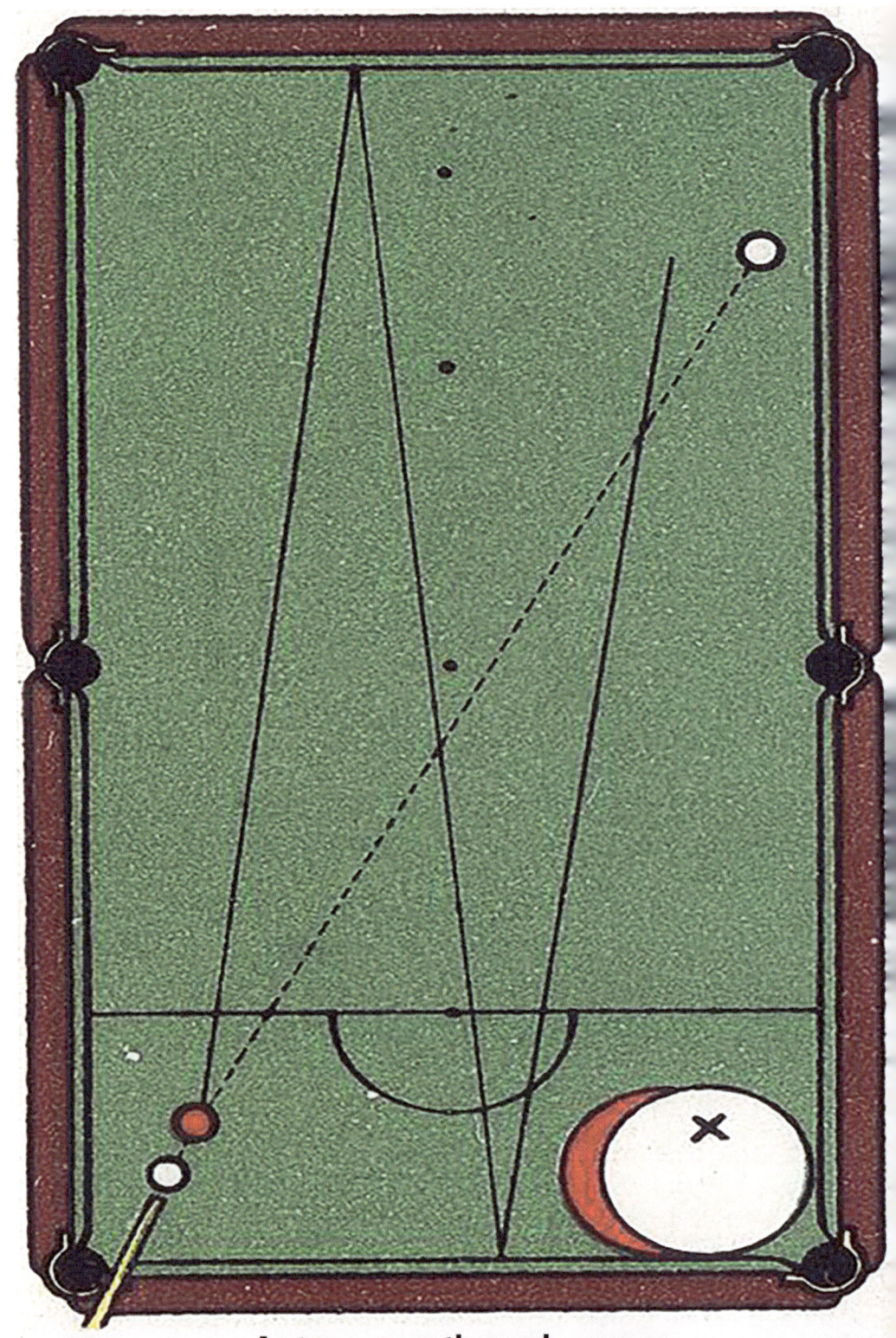

#7 **A strong run-through cannon.**

#8   **An easy in-off red for position.**

#9 **A thin in-off for position.**

#10   **A thin cannon with strong left side.**

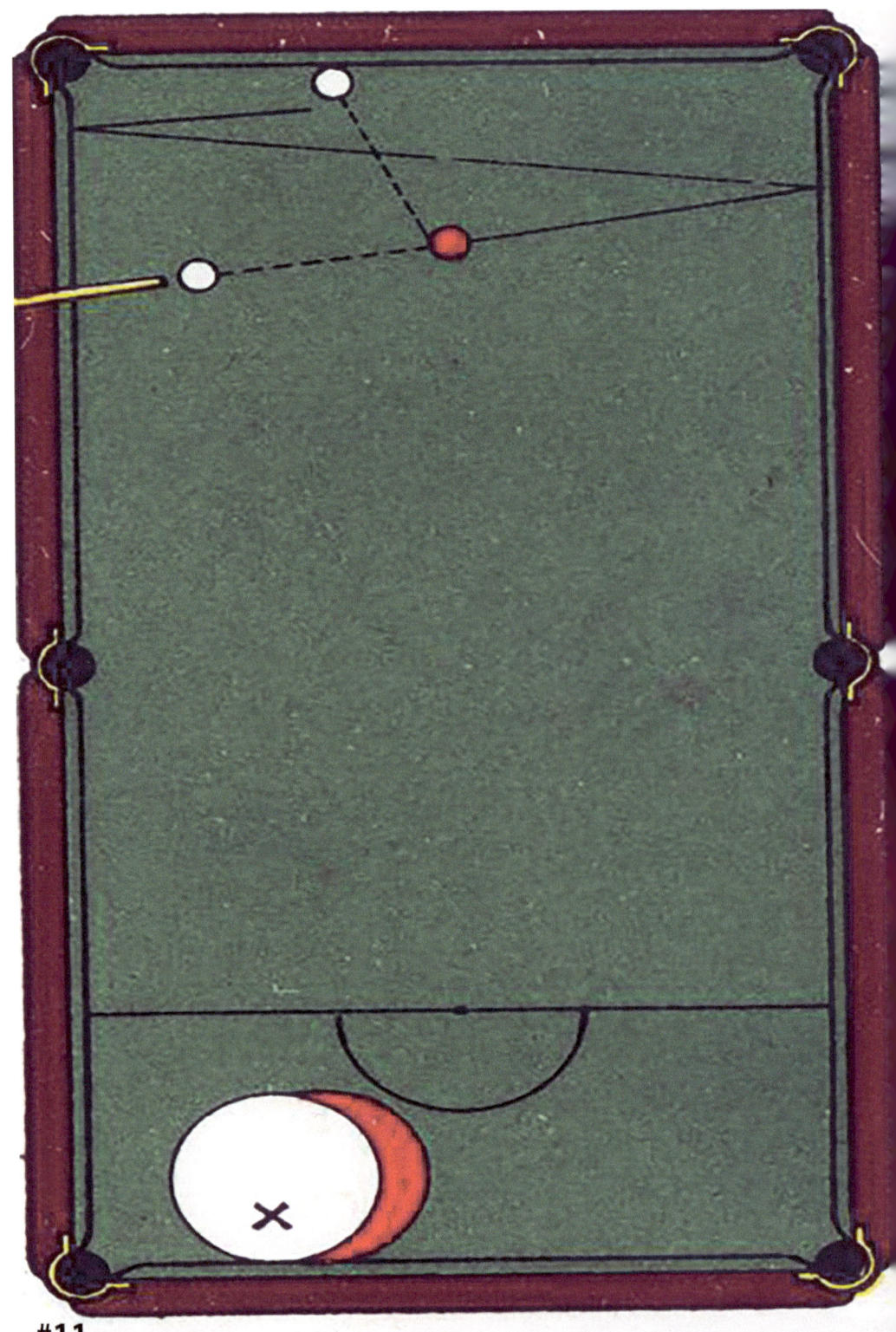

#11
Screw-cannon leaving the balls in position for nursery cannons.

#12 **A screw-back gathering cannon.**

#13   **A positional red winning hazard.**

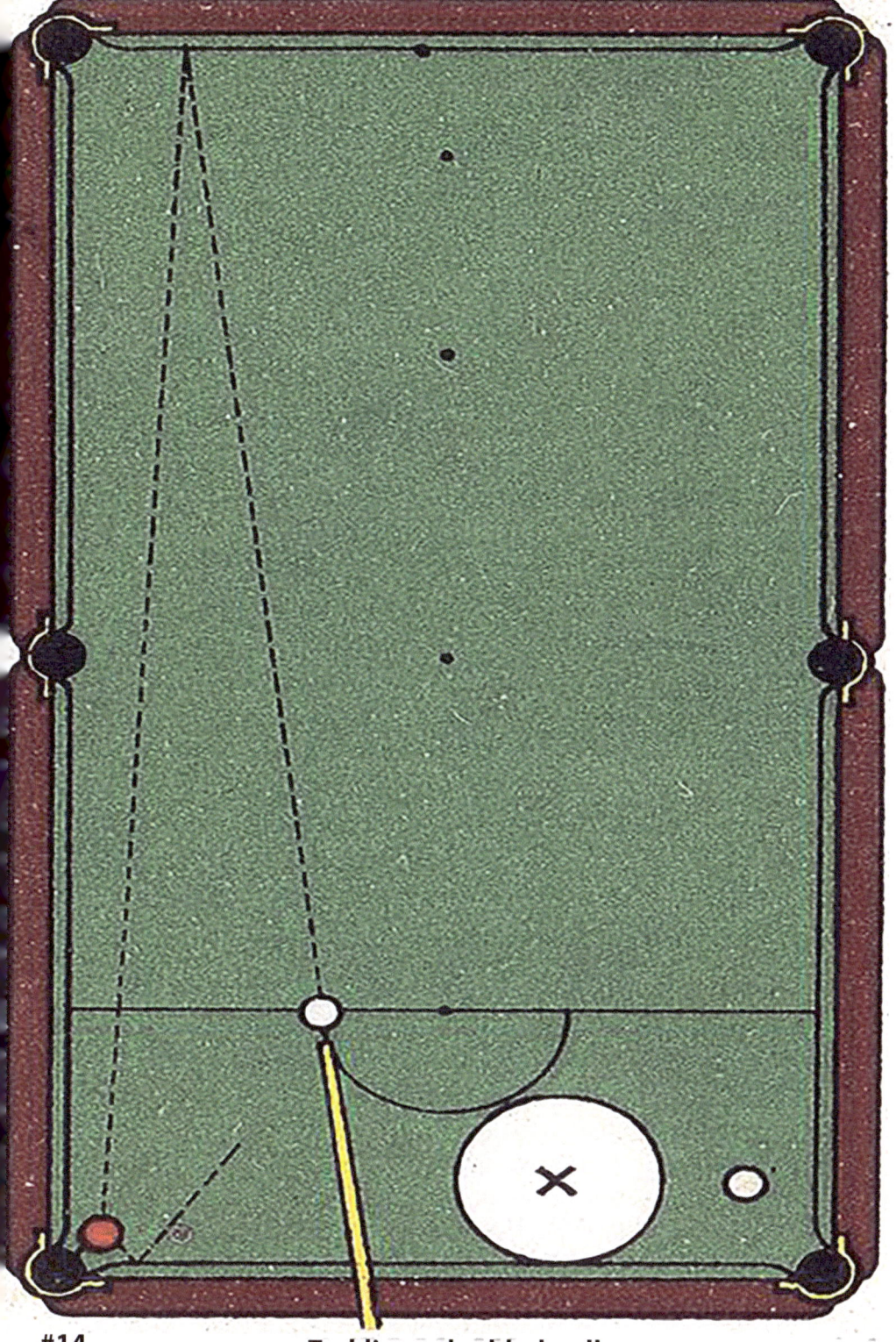

#14 **Tackling a double-baulk.**

#15 **Screw-back positional cannon.**

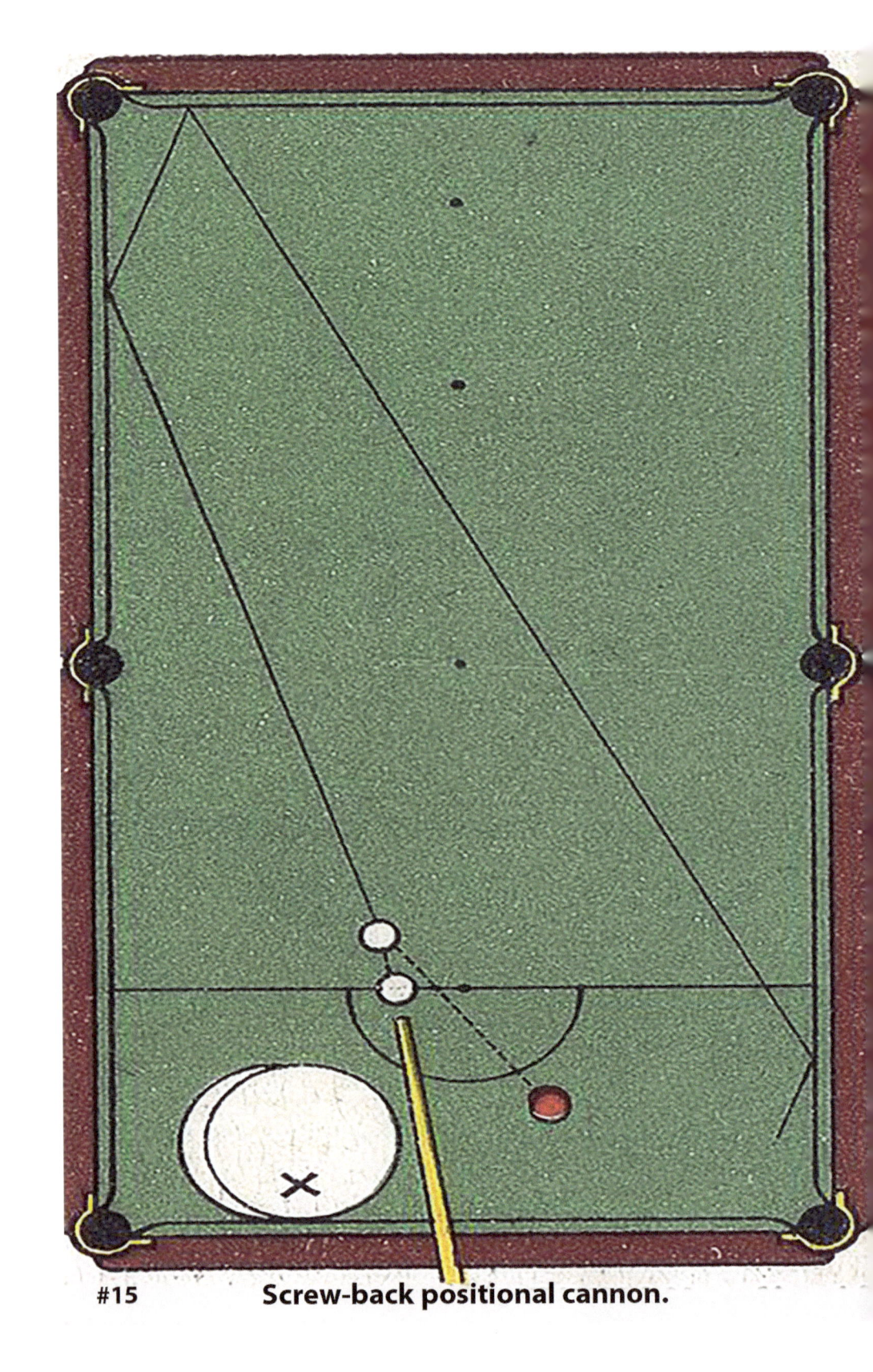

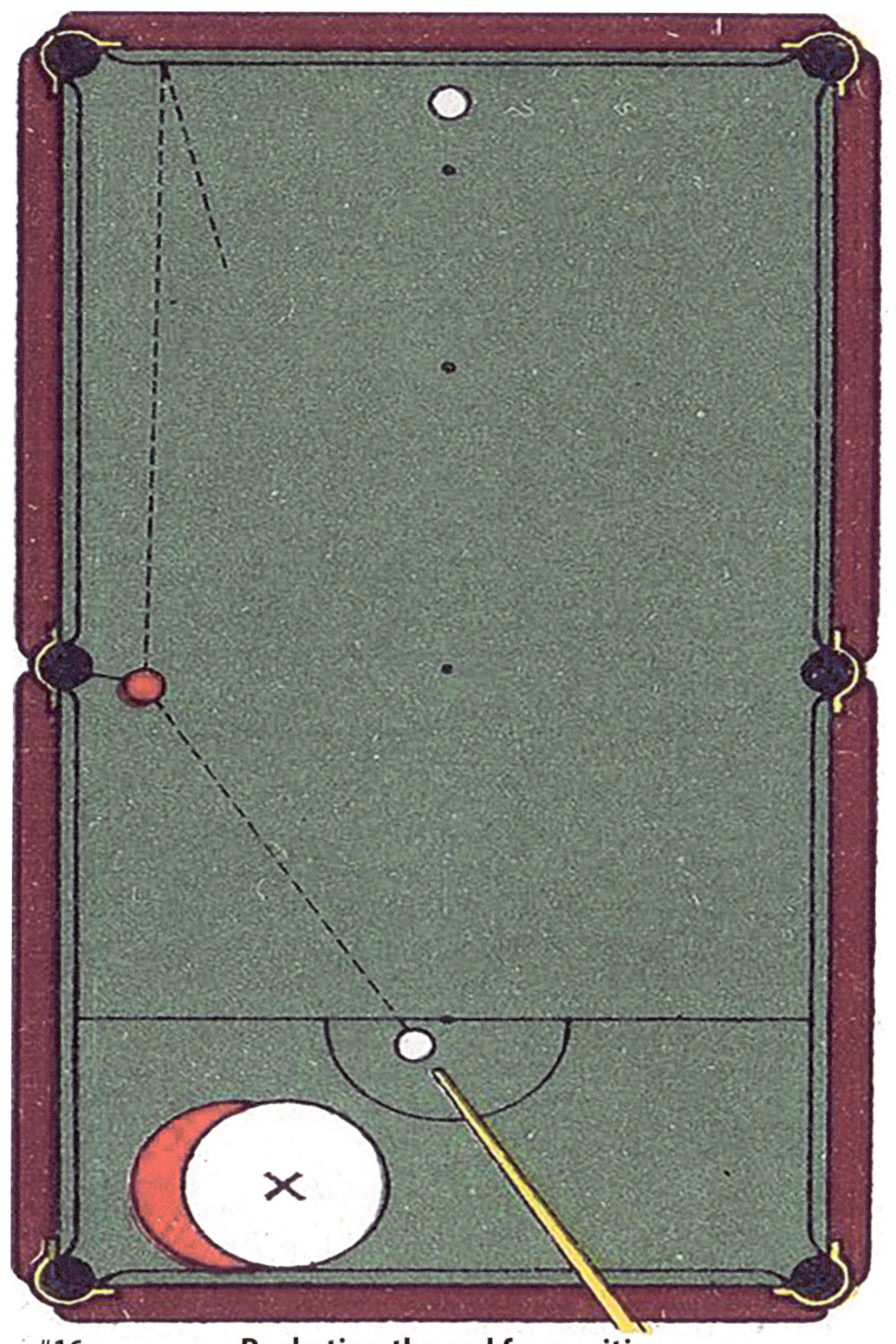

#16   **Pocketing the red for position.**

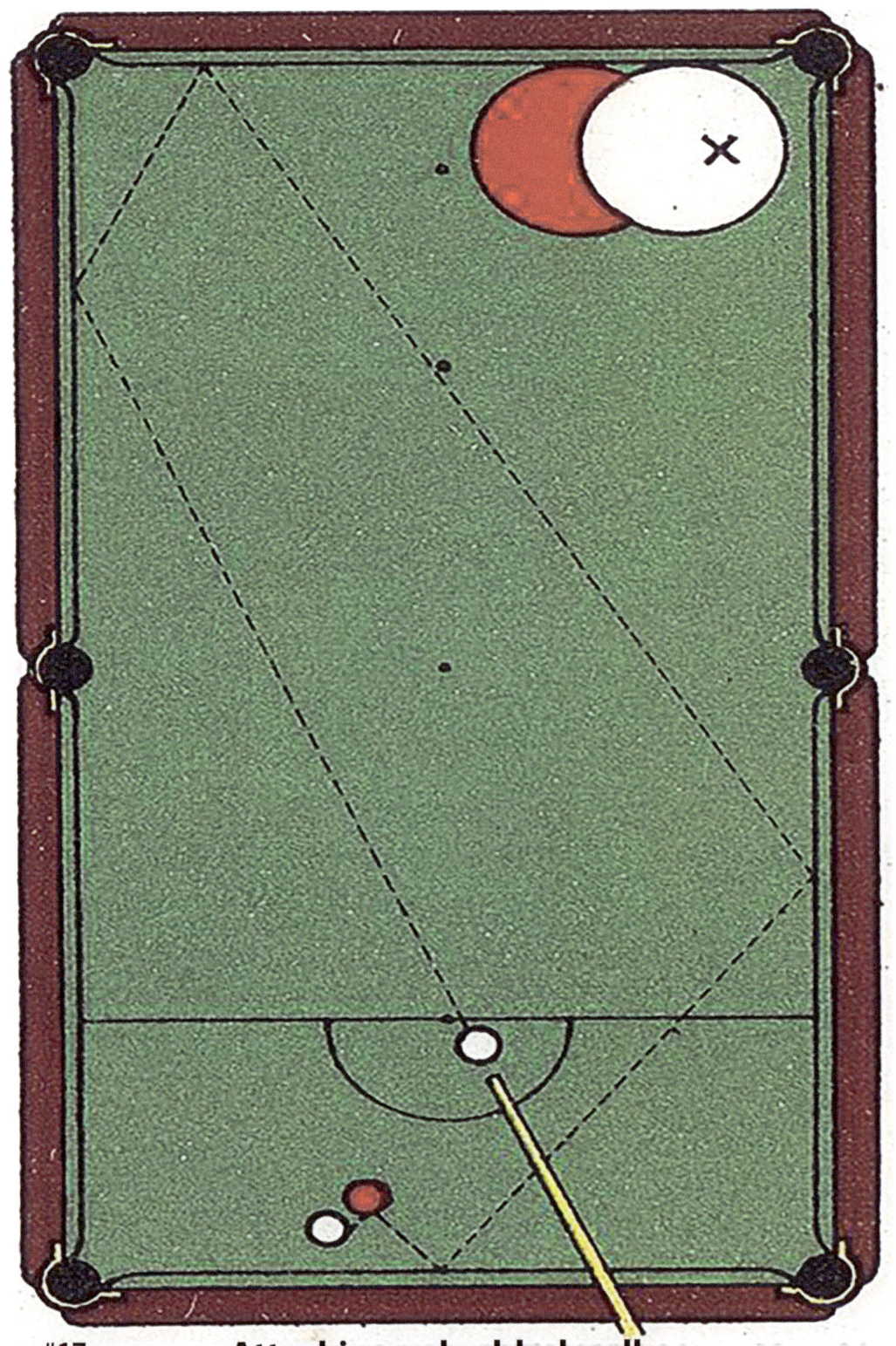

#17 **Attacking a double-baulk**

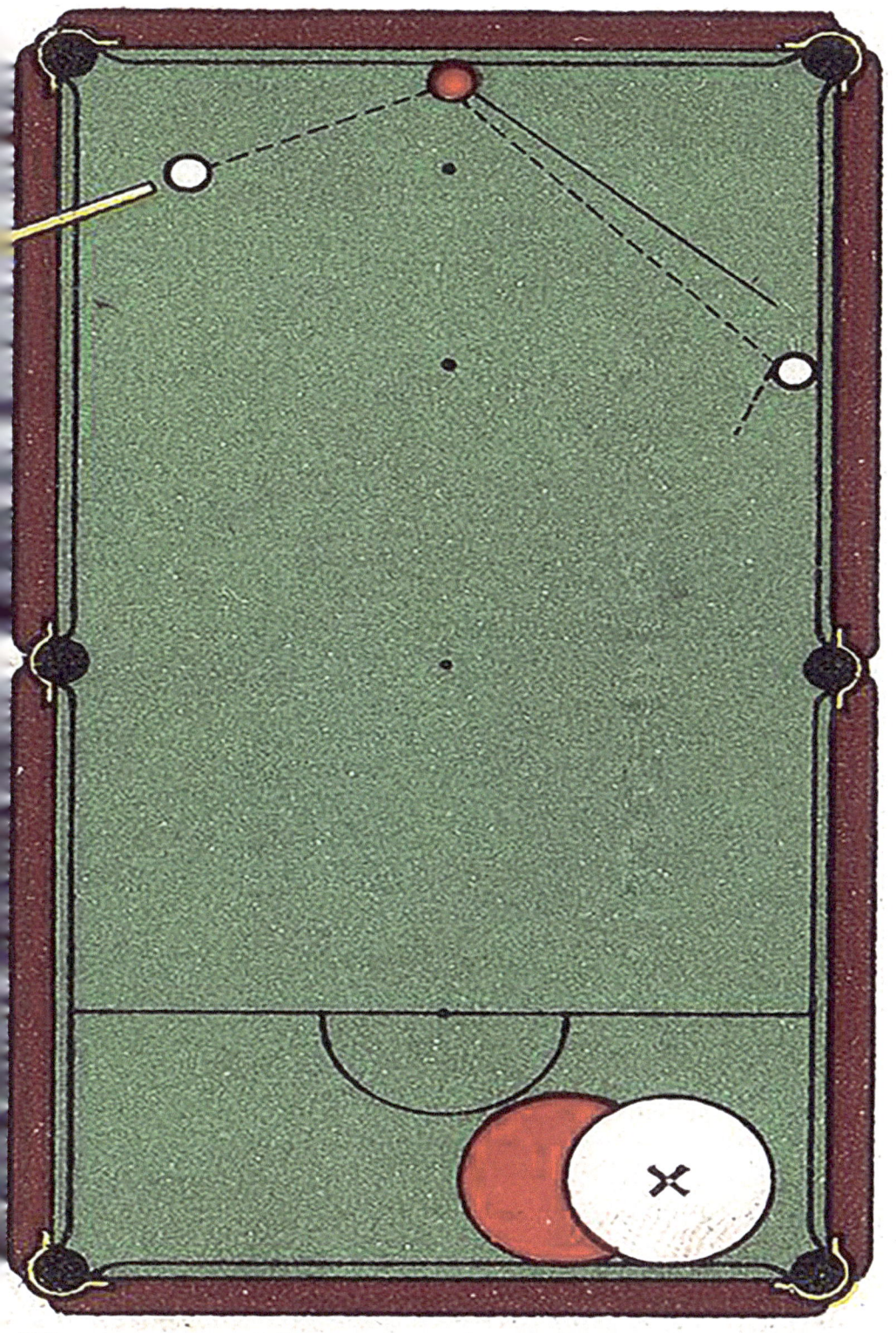

#18 **A kiss-cannon for position.**

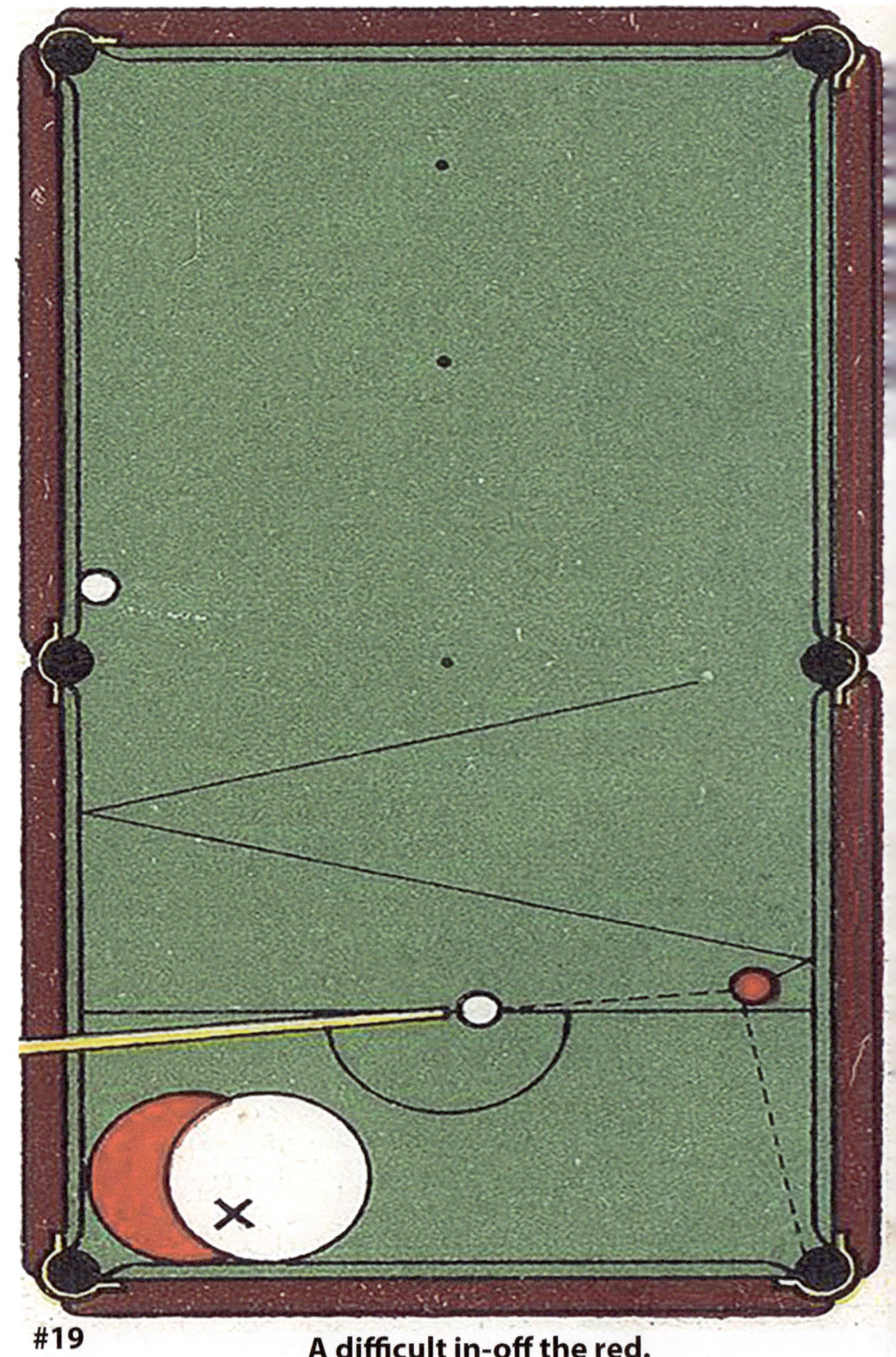

#19   **A difficult in-off the red.**

#20 **A useful screw-back in-off white.**

#21 **Single-baulk cannon.**

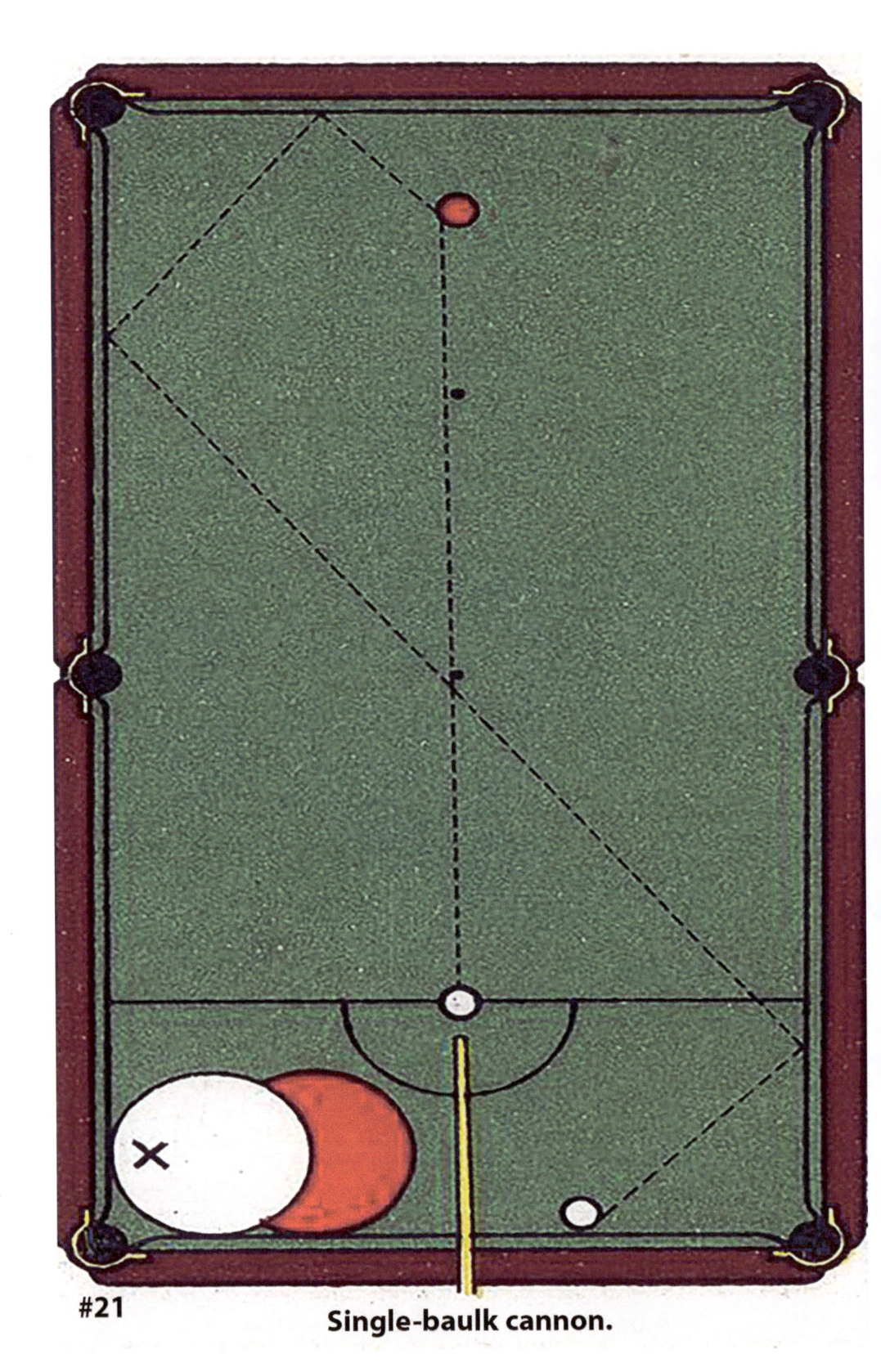

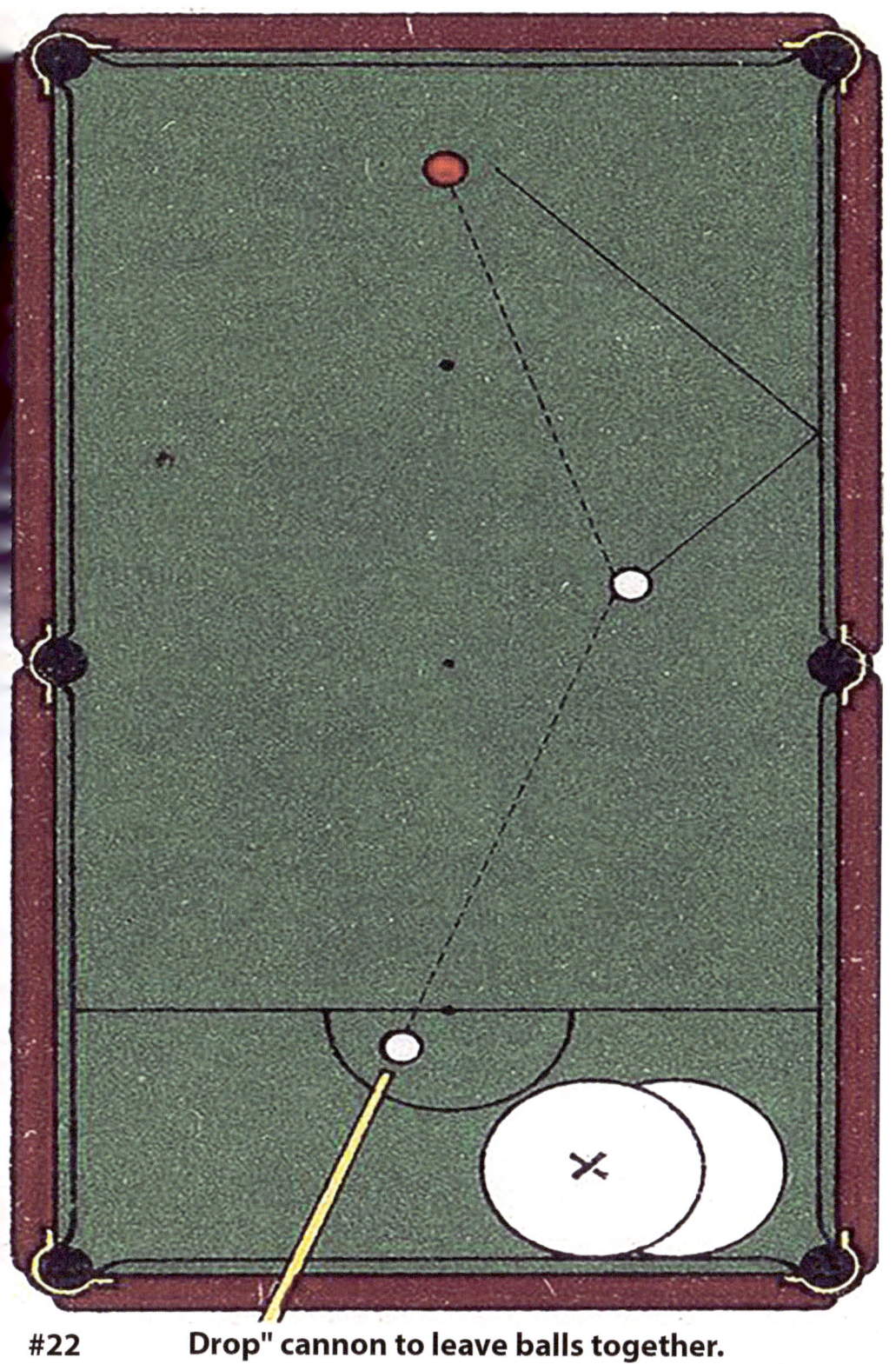

#22 **"Drop" cannon to leave balls together.**

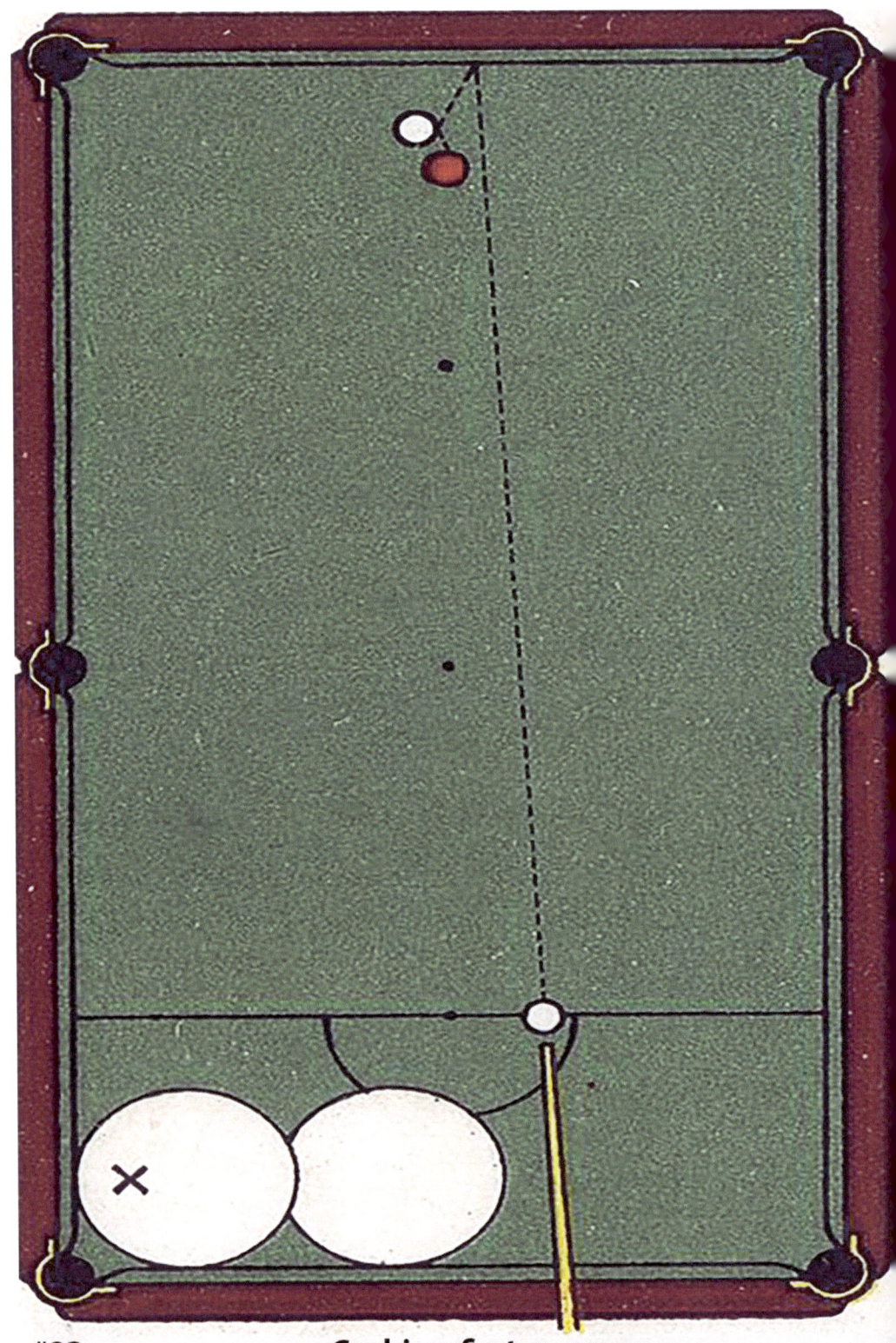

#23 **Cushion-first cannon.**

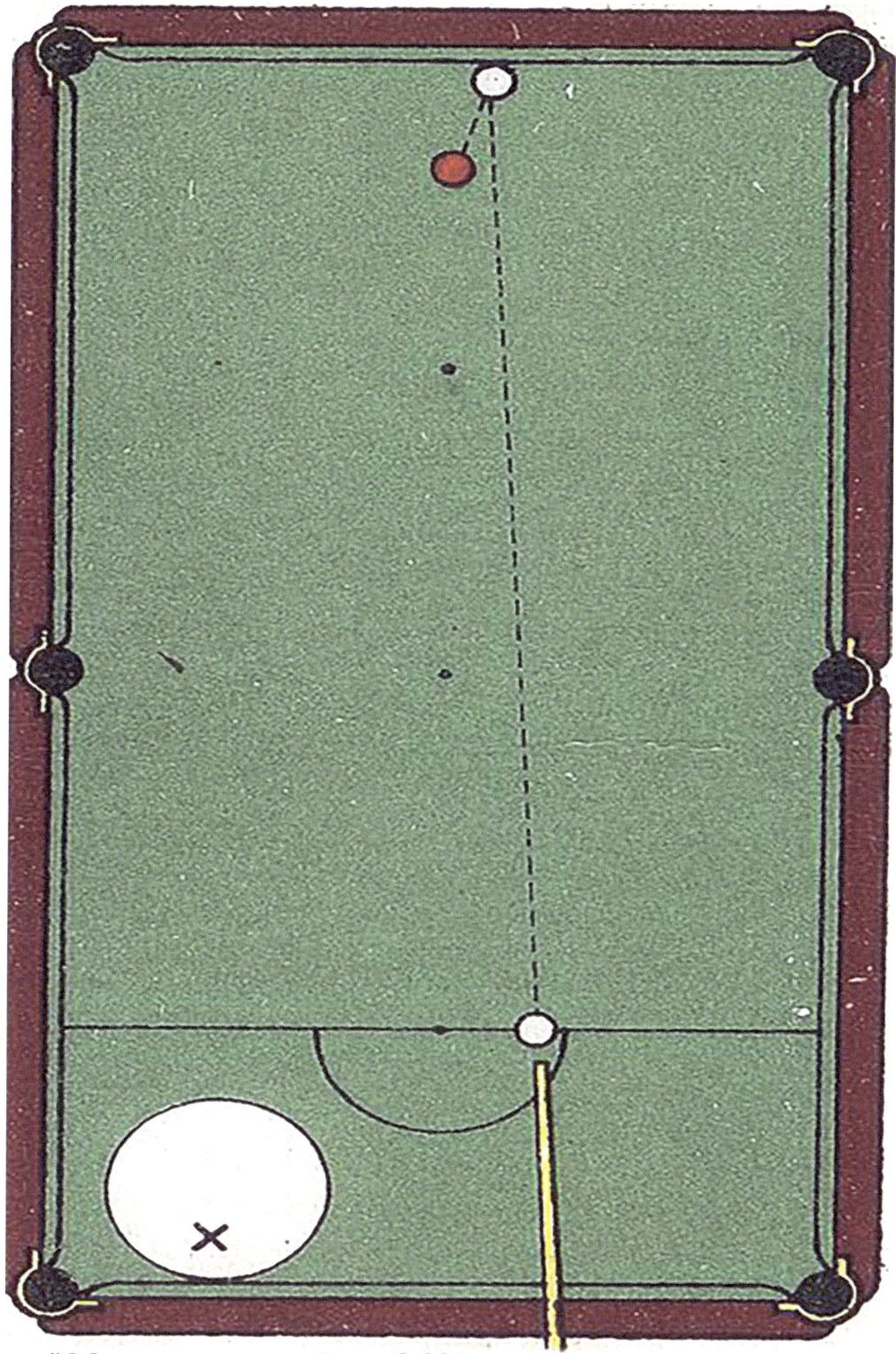

#24   **A useful kiss-cannon.**

#25   **Saving the white.**

#26   **A pretty two-cushion cannon.**

#27   **Saving the white.**

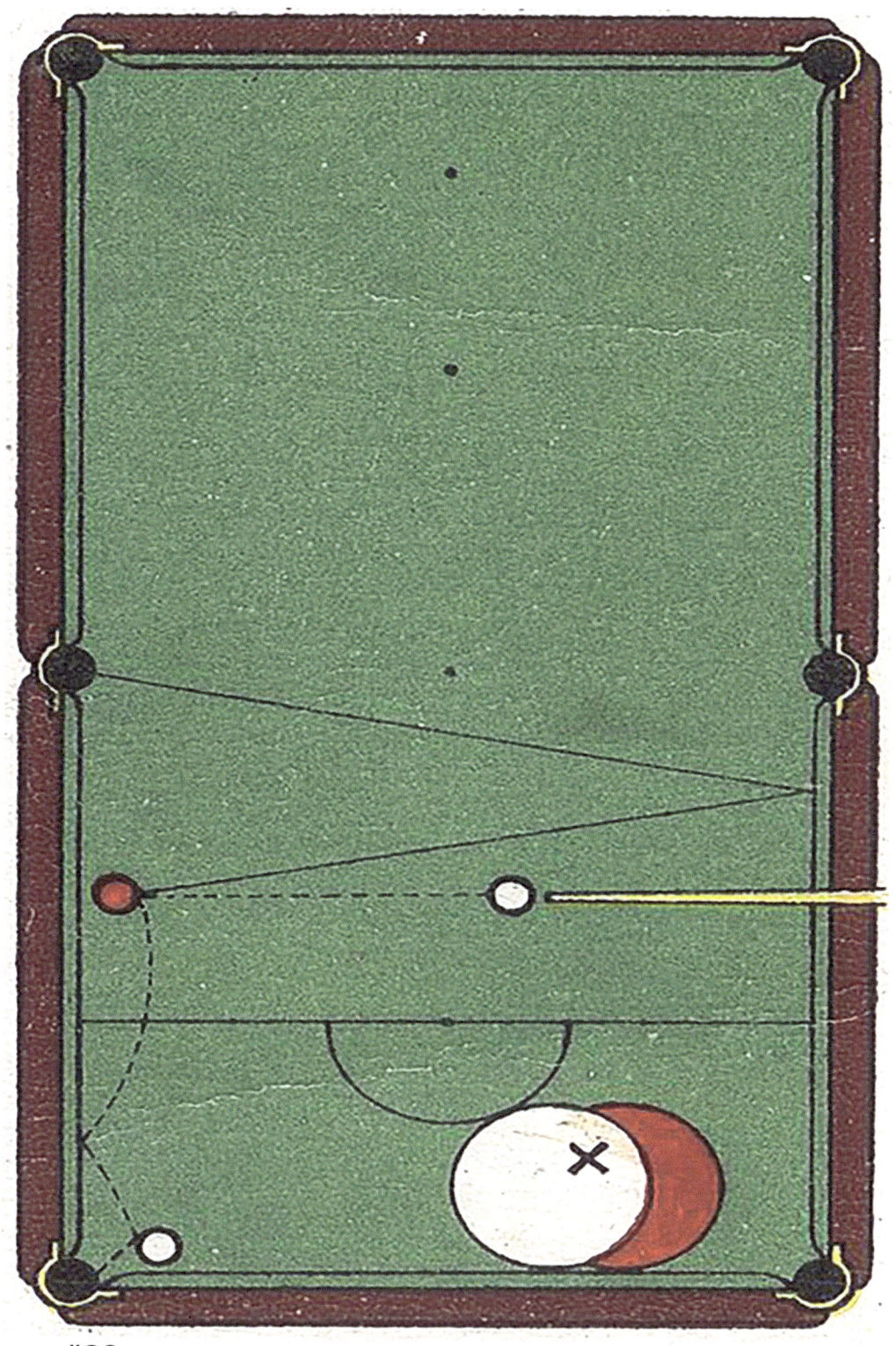

#28 **An eight-shot.**

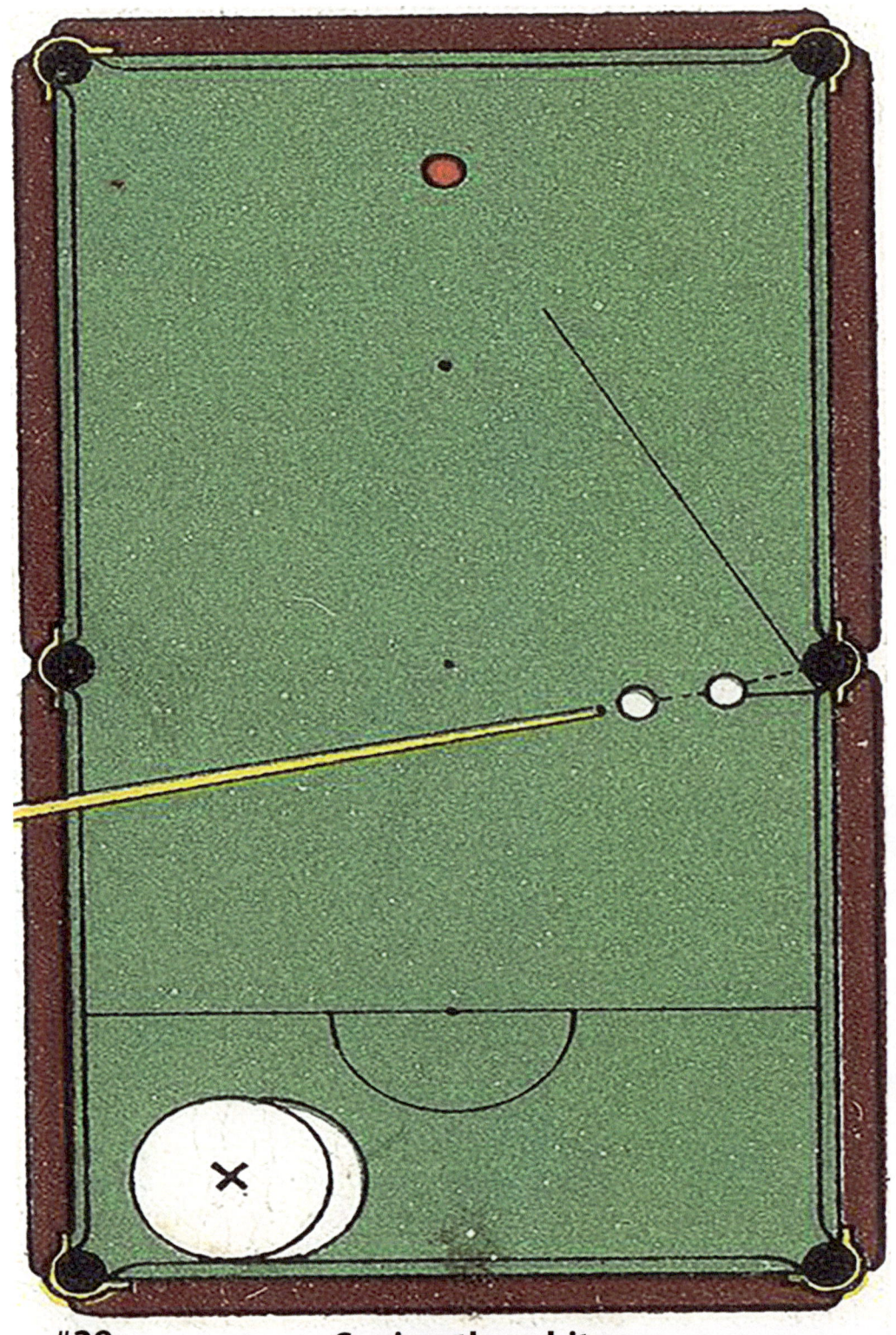

#29   **Saving the white.**

#30 **The only shot to play for.**

#31   **A simple kiss-cannon.**

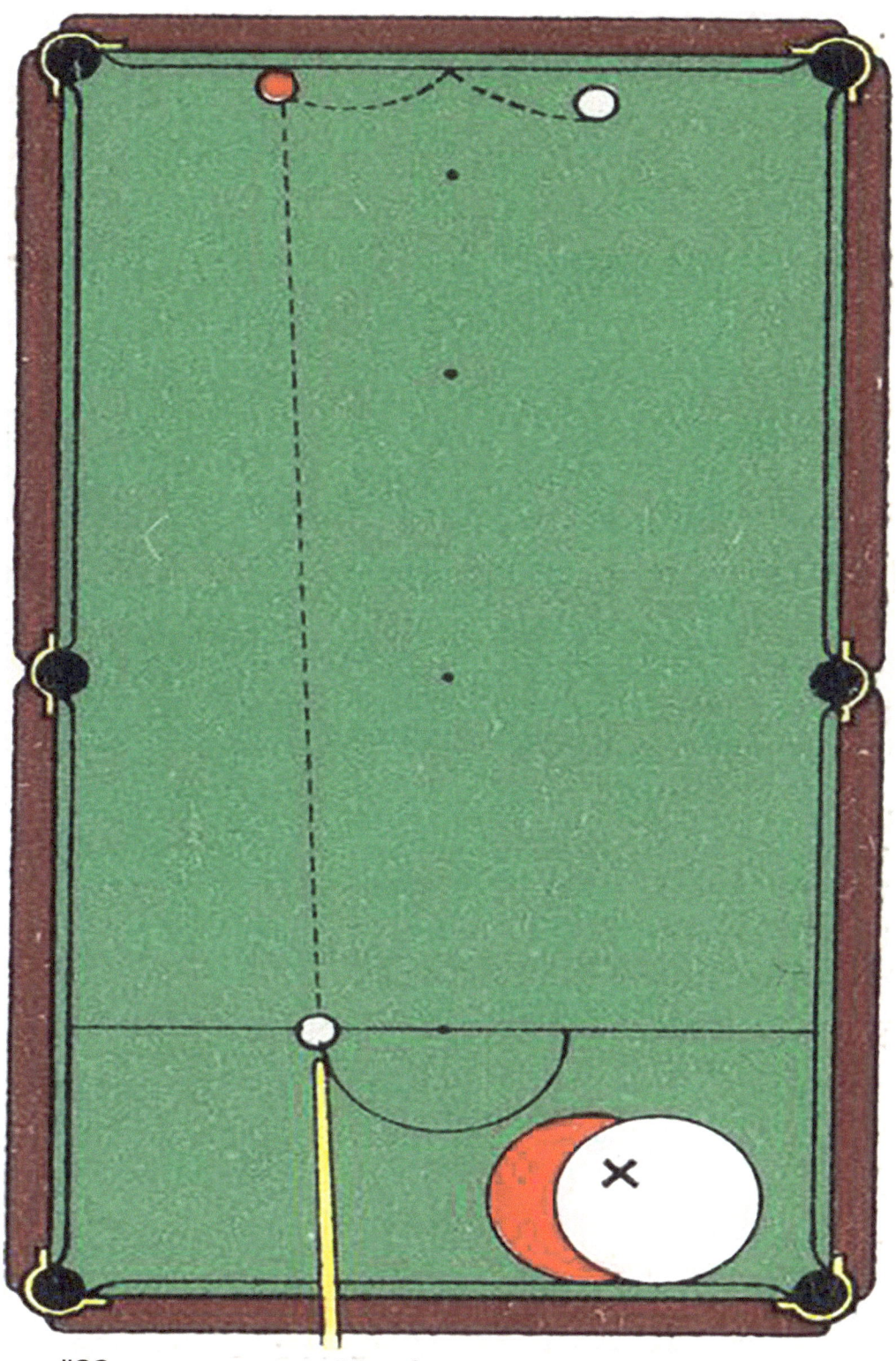

#32 **Ricochet cannon.**

#33   **Kiss-cannon.**

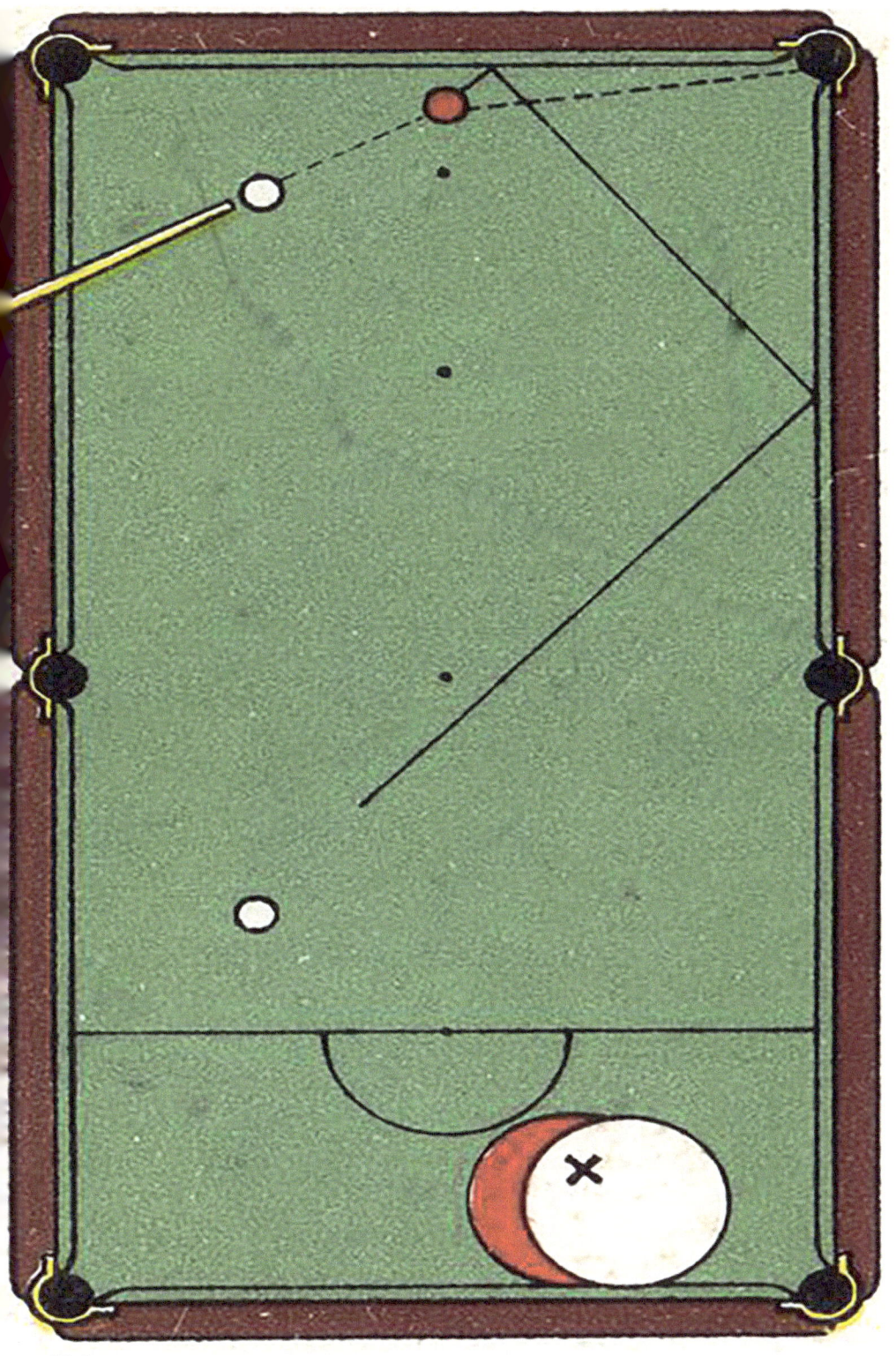

#34   **In-off red with top and left side.**

#35   **A neat kiss-cannon.**

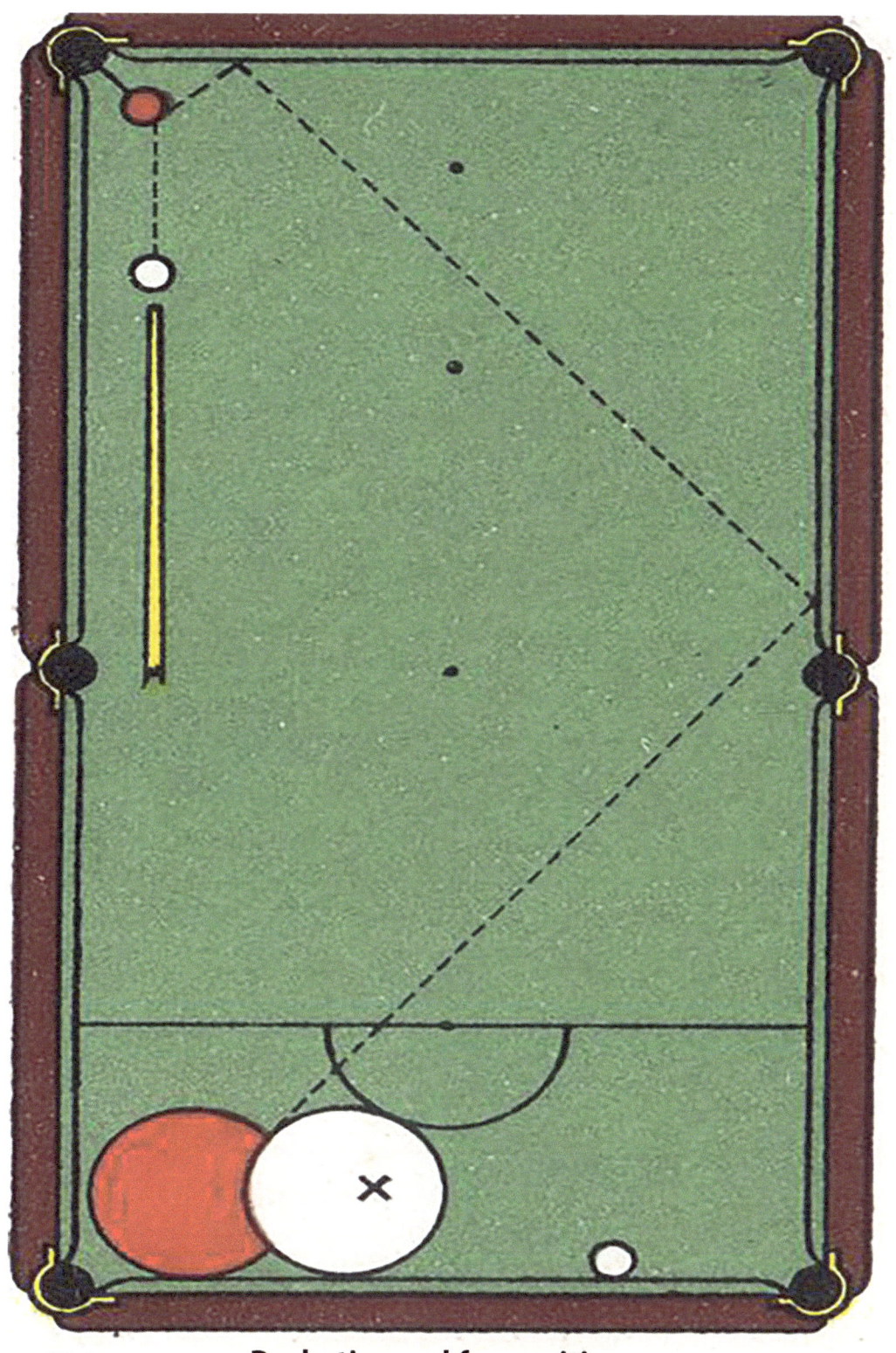

#36 **Pocketing red for position.**

#37 **Playing for position.**

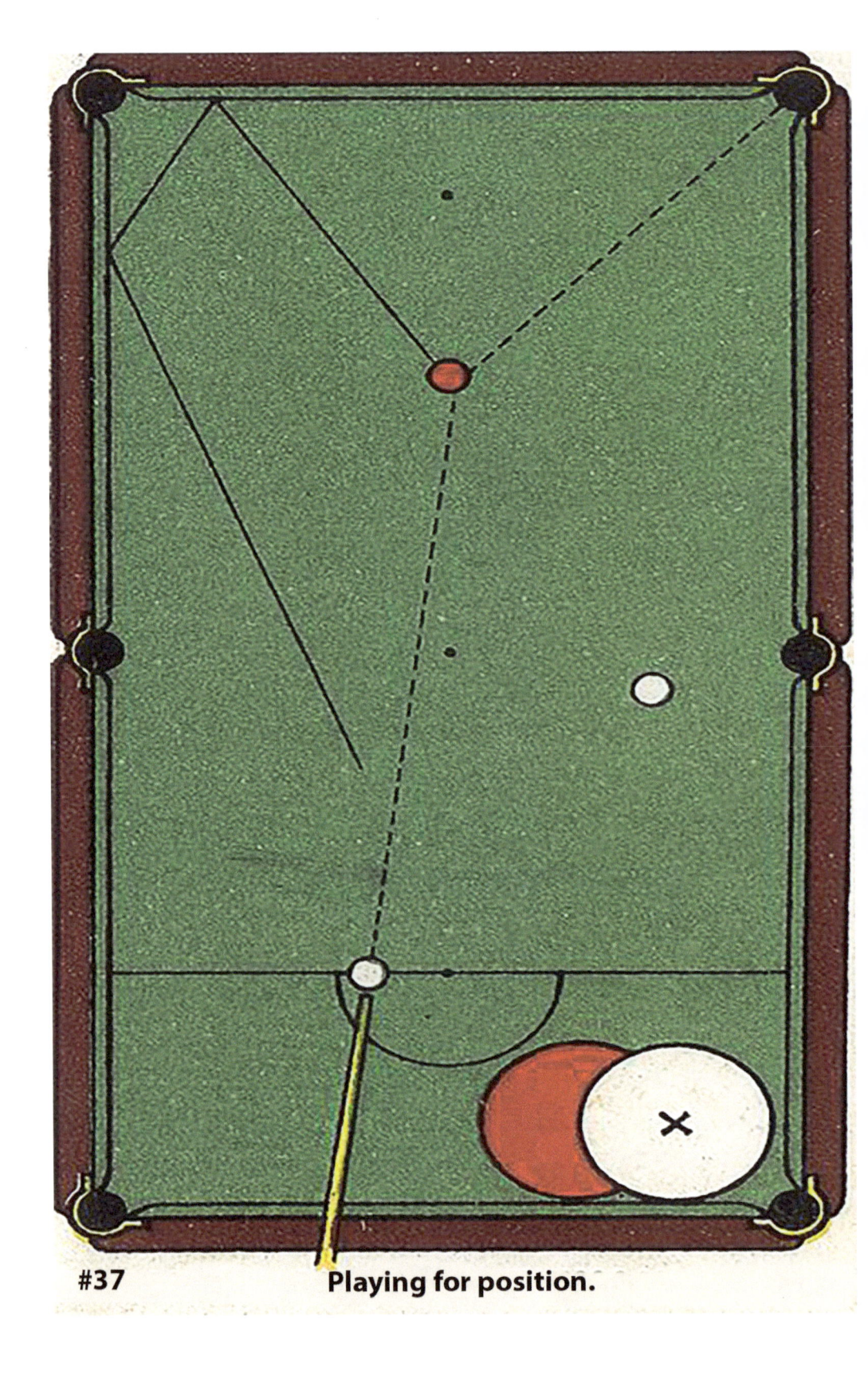

#38 **A long Jenny.**

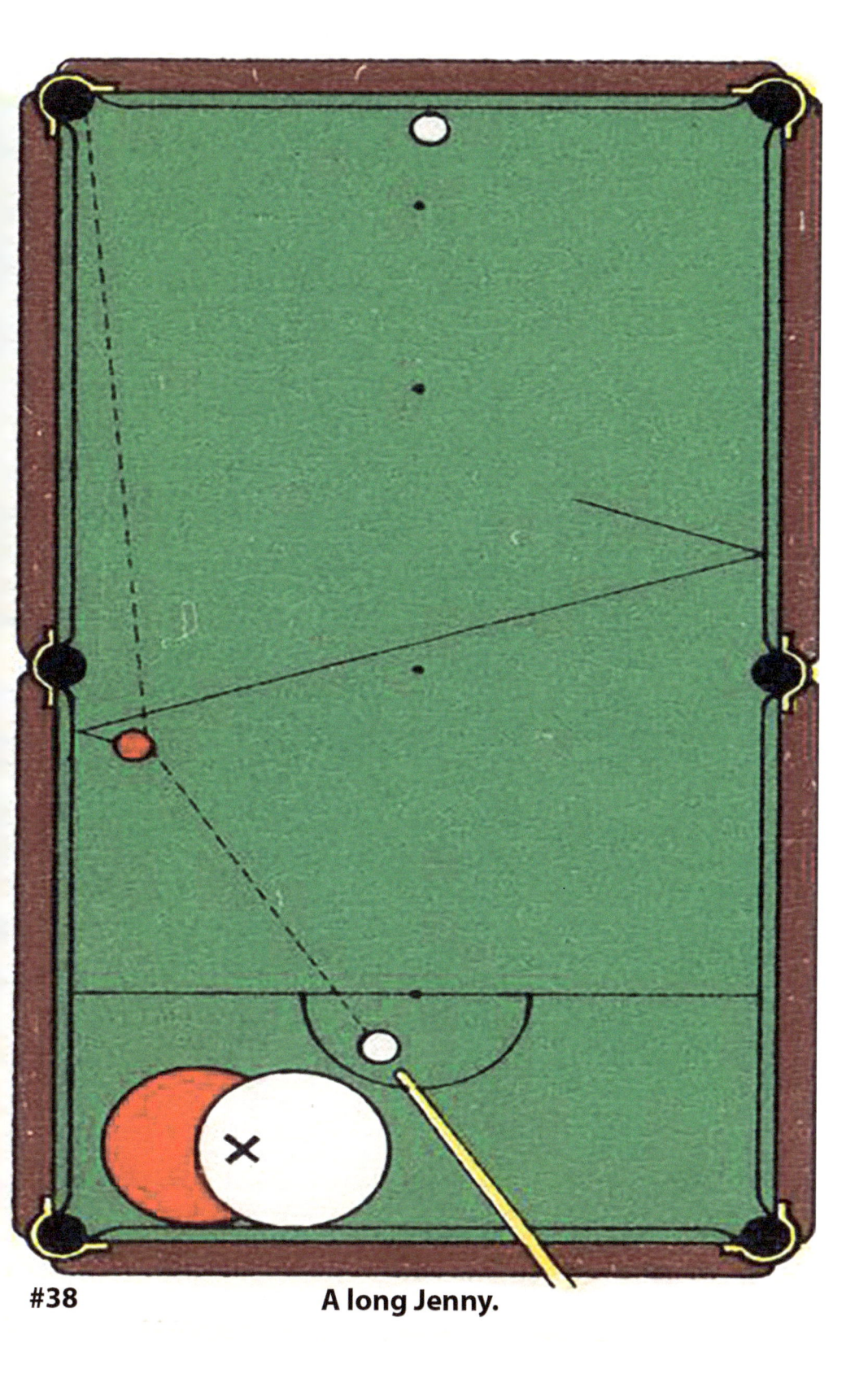

#39   **Pocketing the red for position.**

#40 **A short Jenny.**

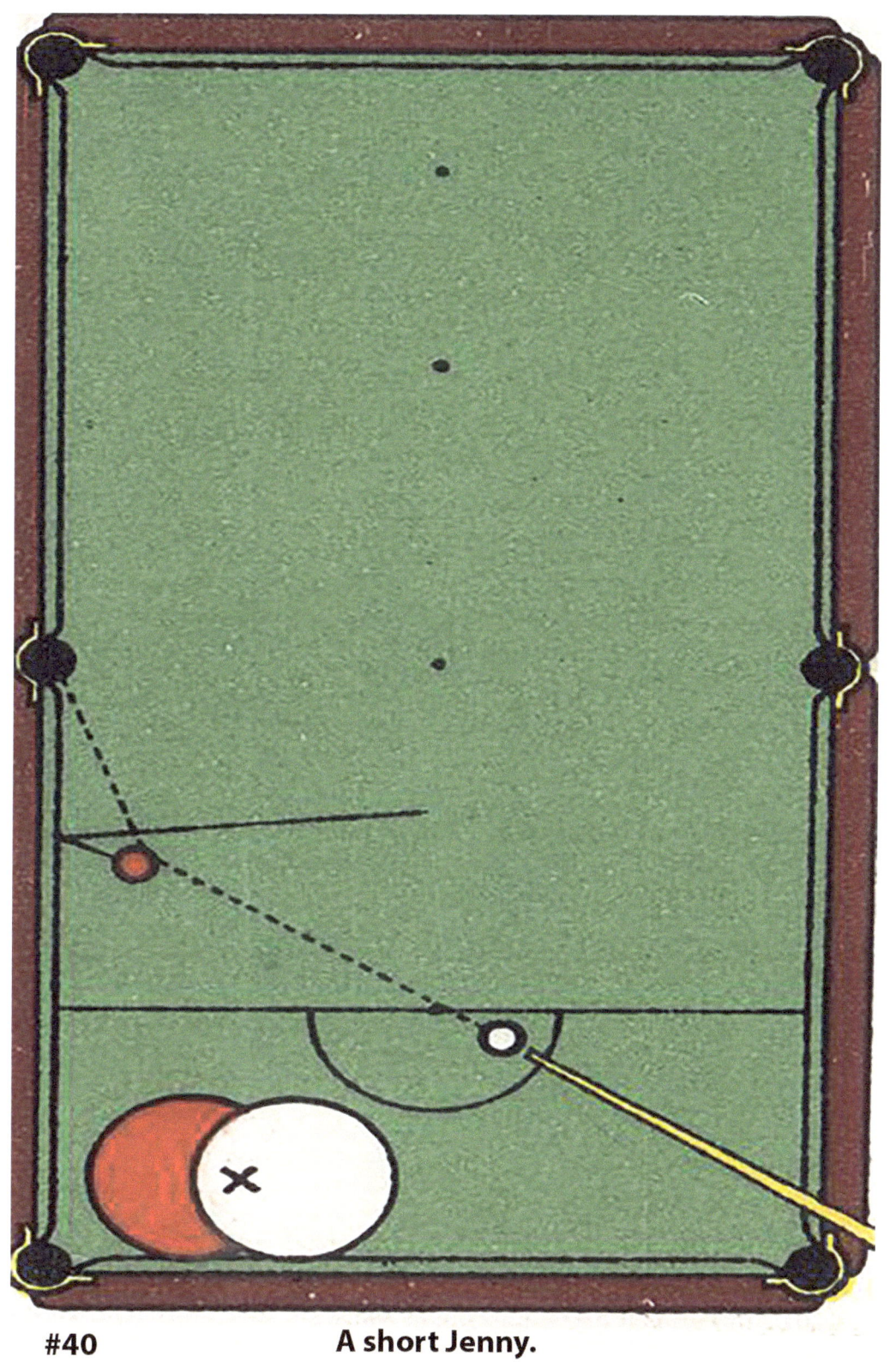

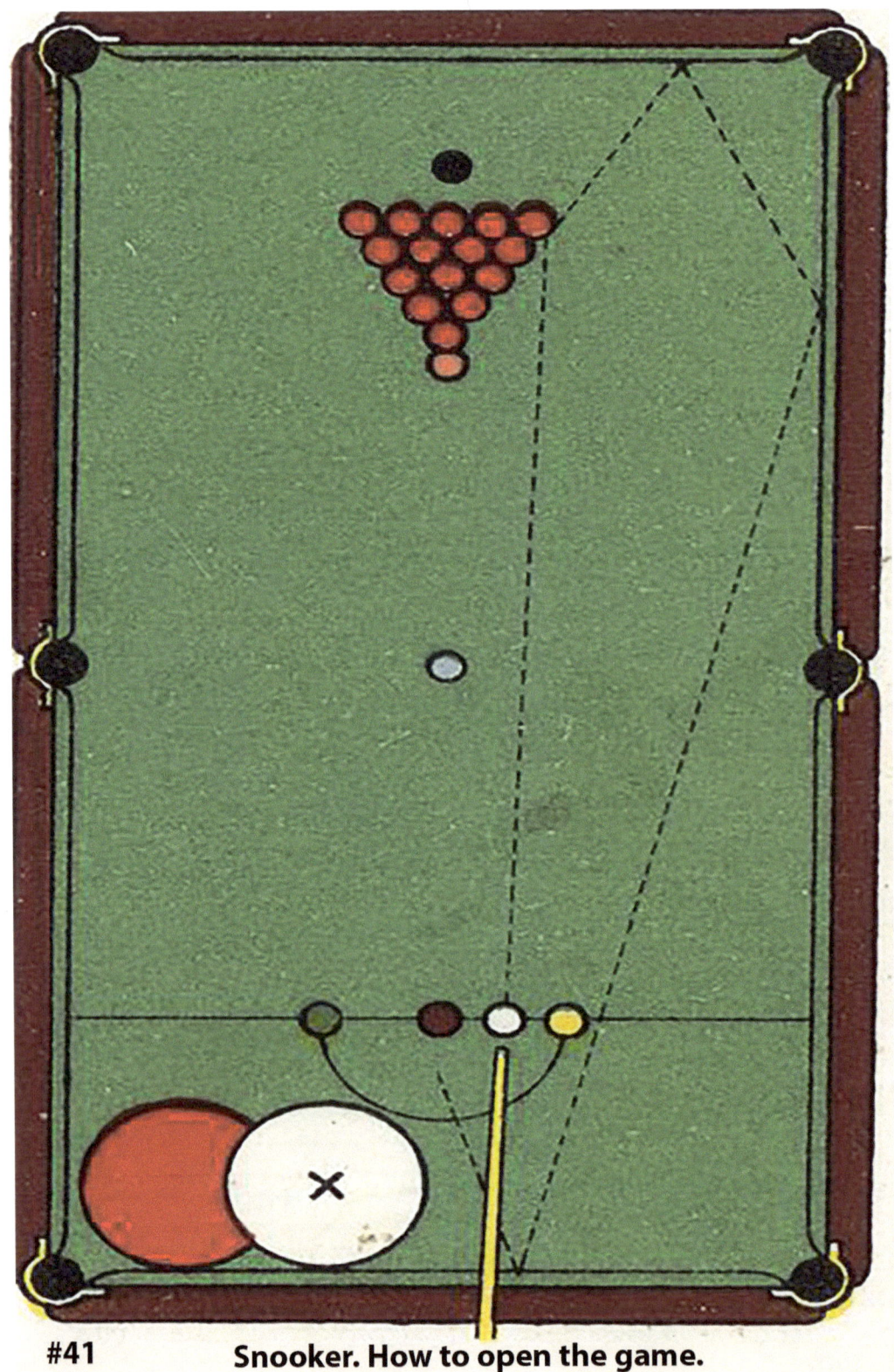

#41 **Snooker. How to open the game.**

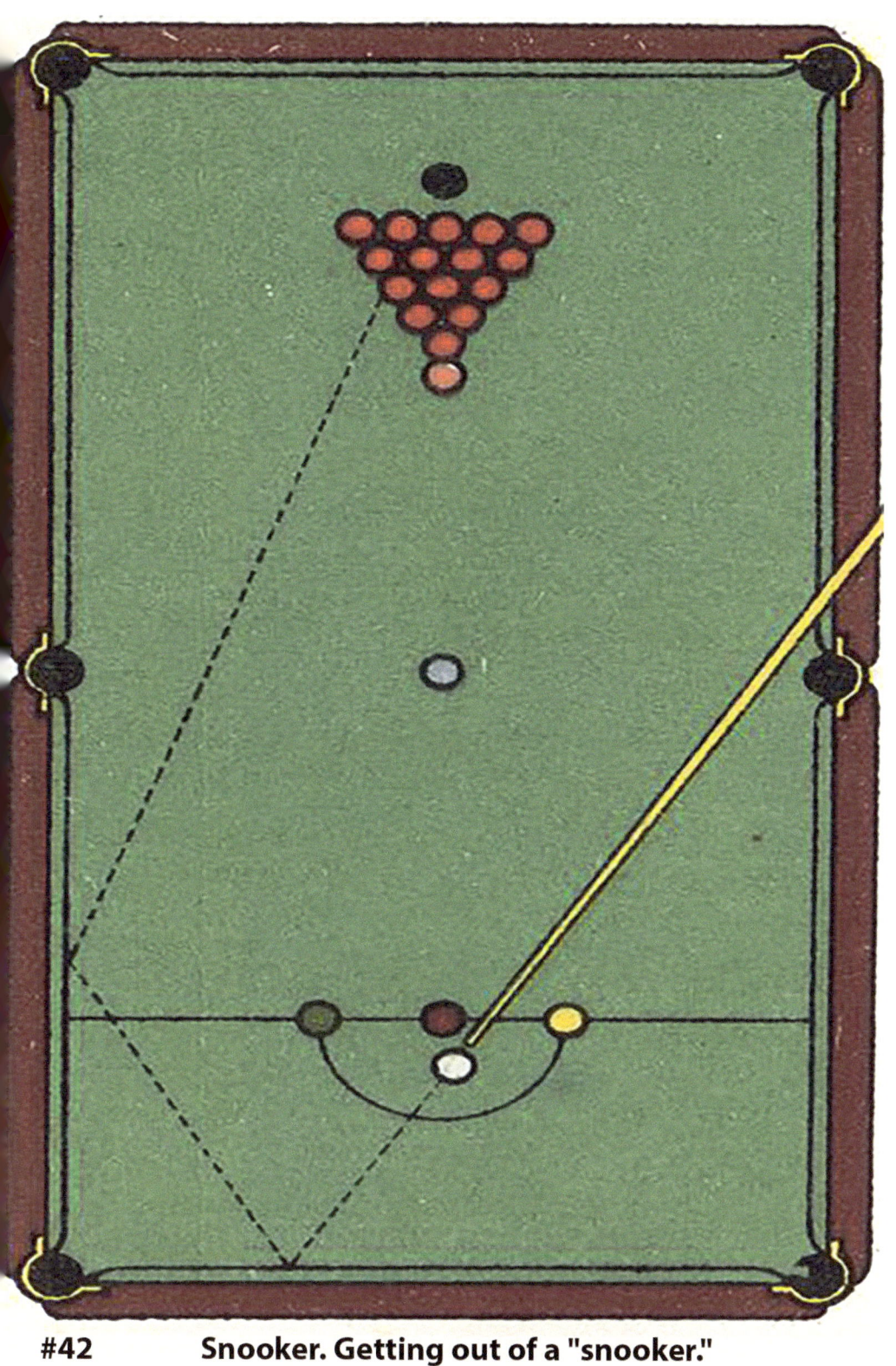

#42   Snooker. Getting out of a "snooker."

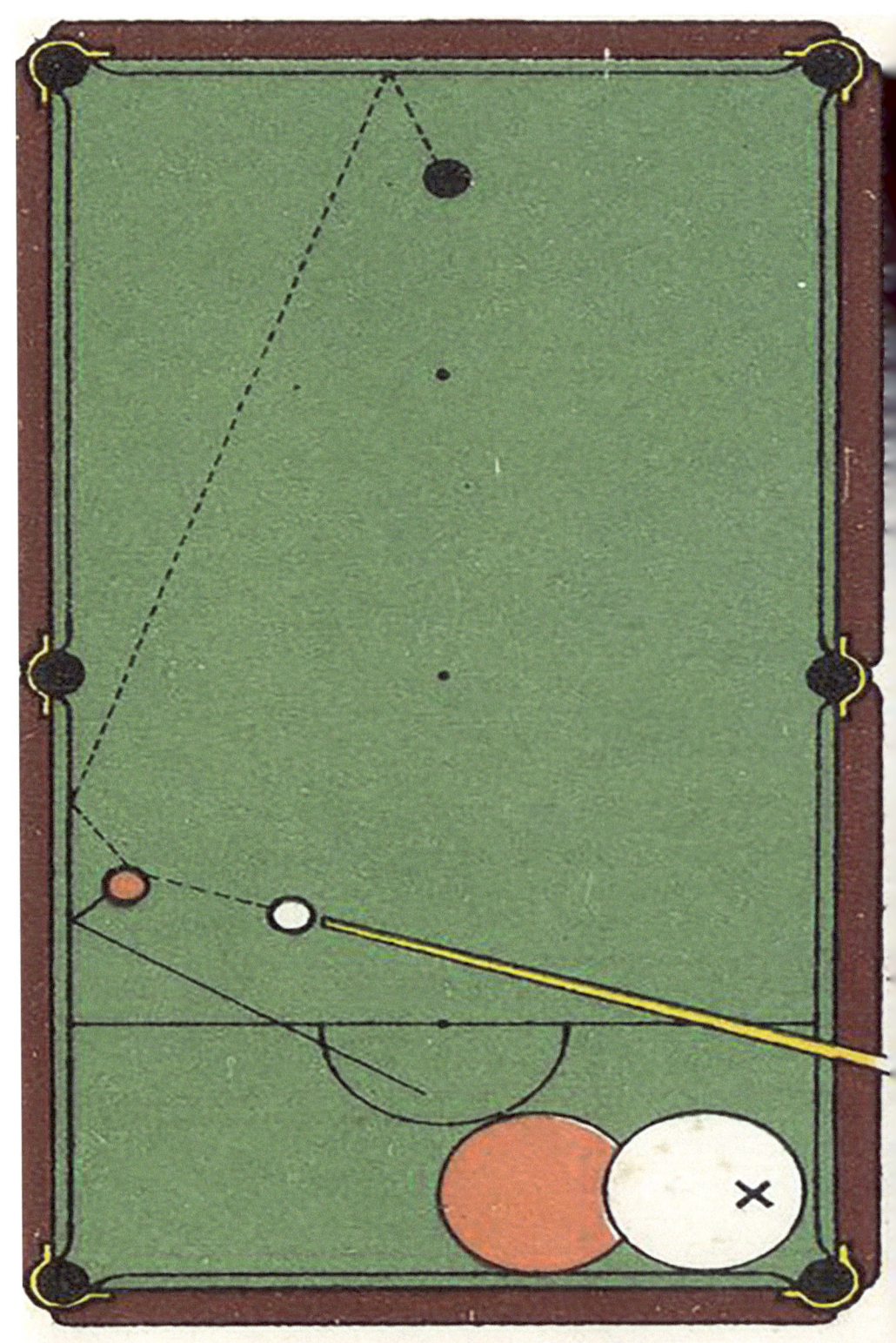

#43 **Snooker. A two-ball "snooker."**

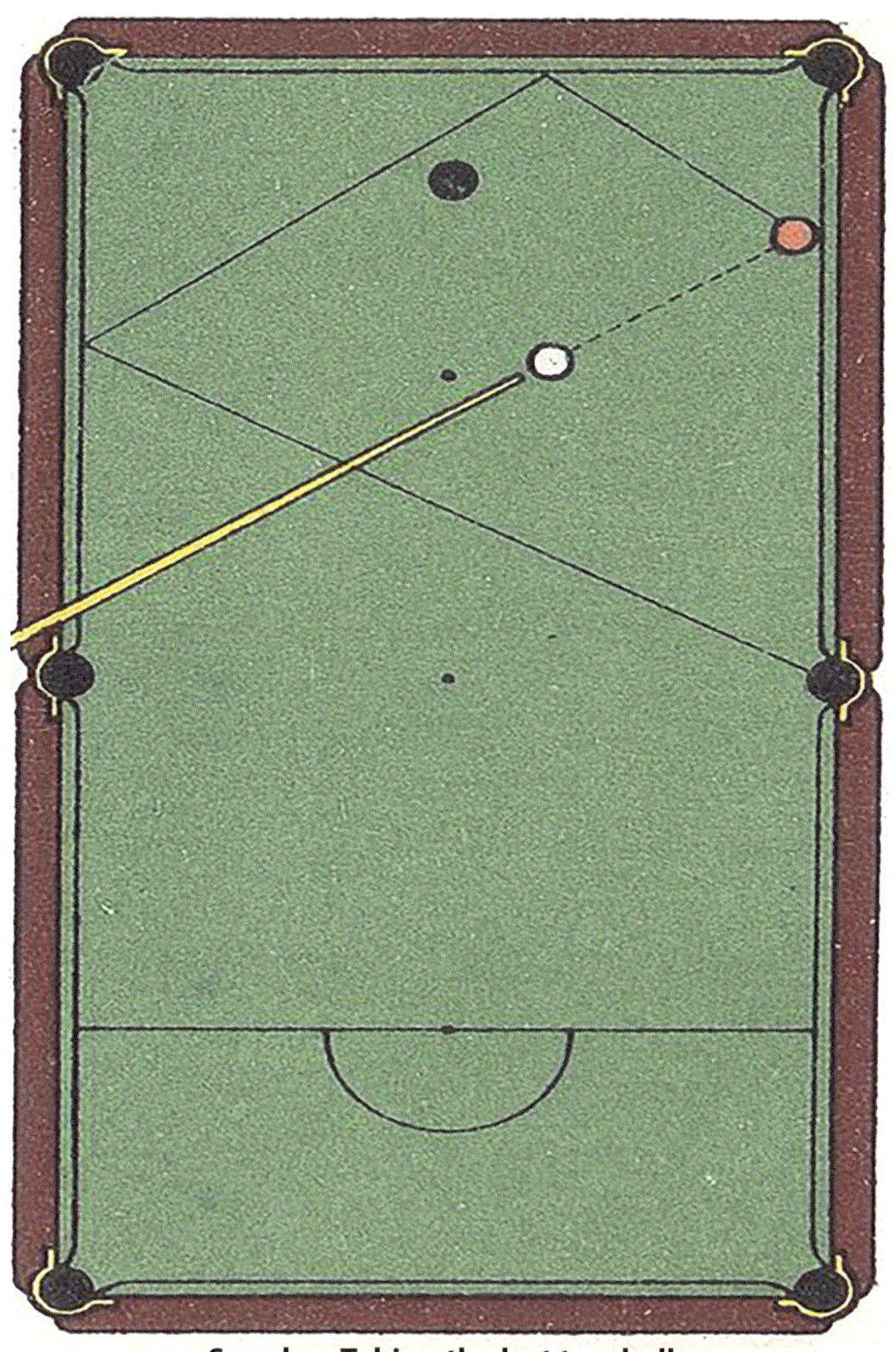

#44   **Snooker. Taking the last two balls.**

#45 **Snooker. A good snooker.**

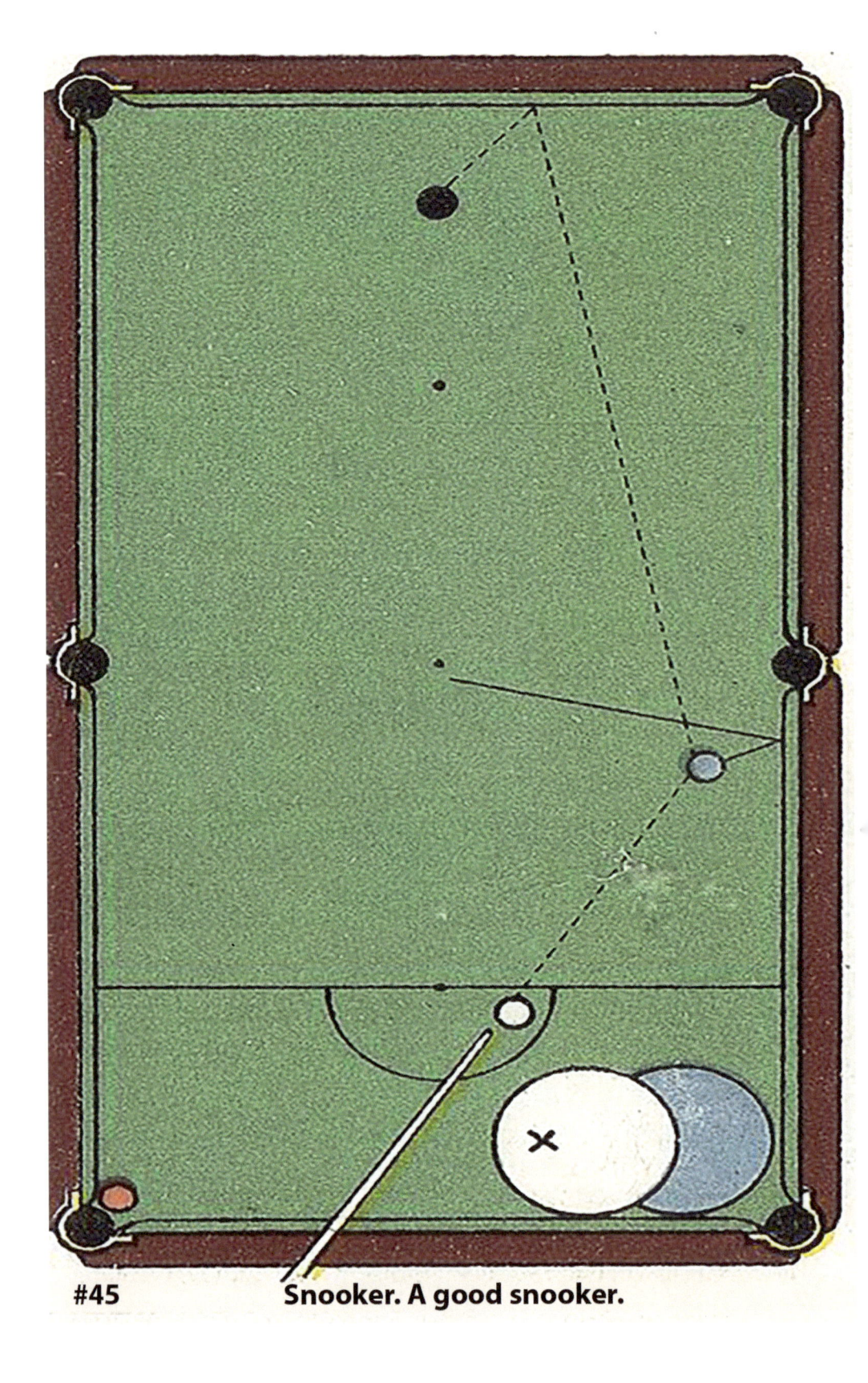

#46　　　　　　**Snooker. Getting on the black.**

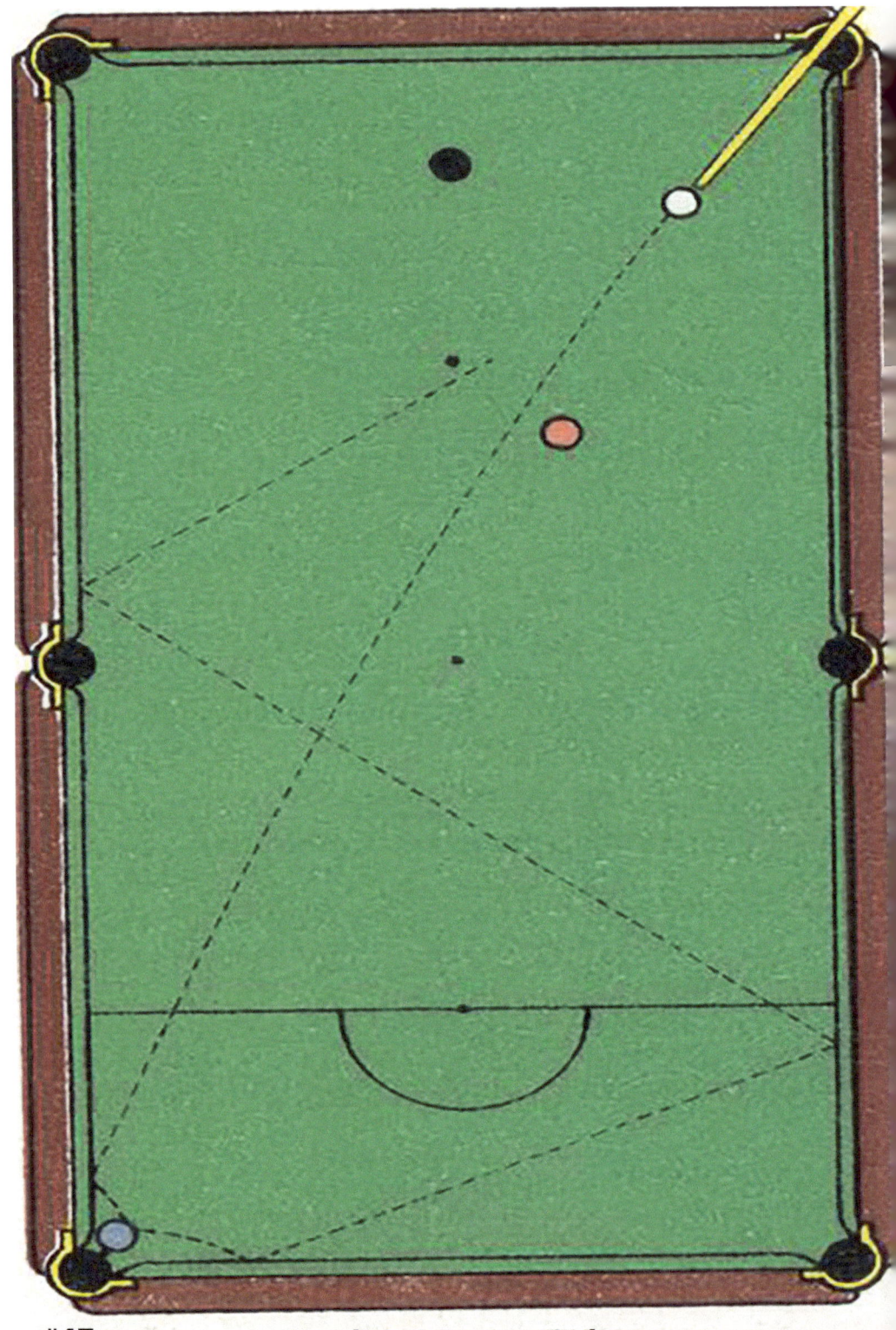

#47   **Snooker. A "swerve" shot.**

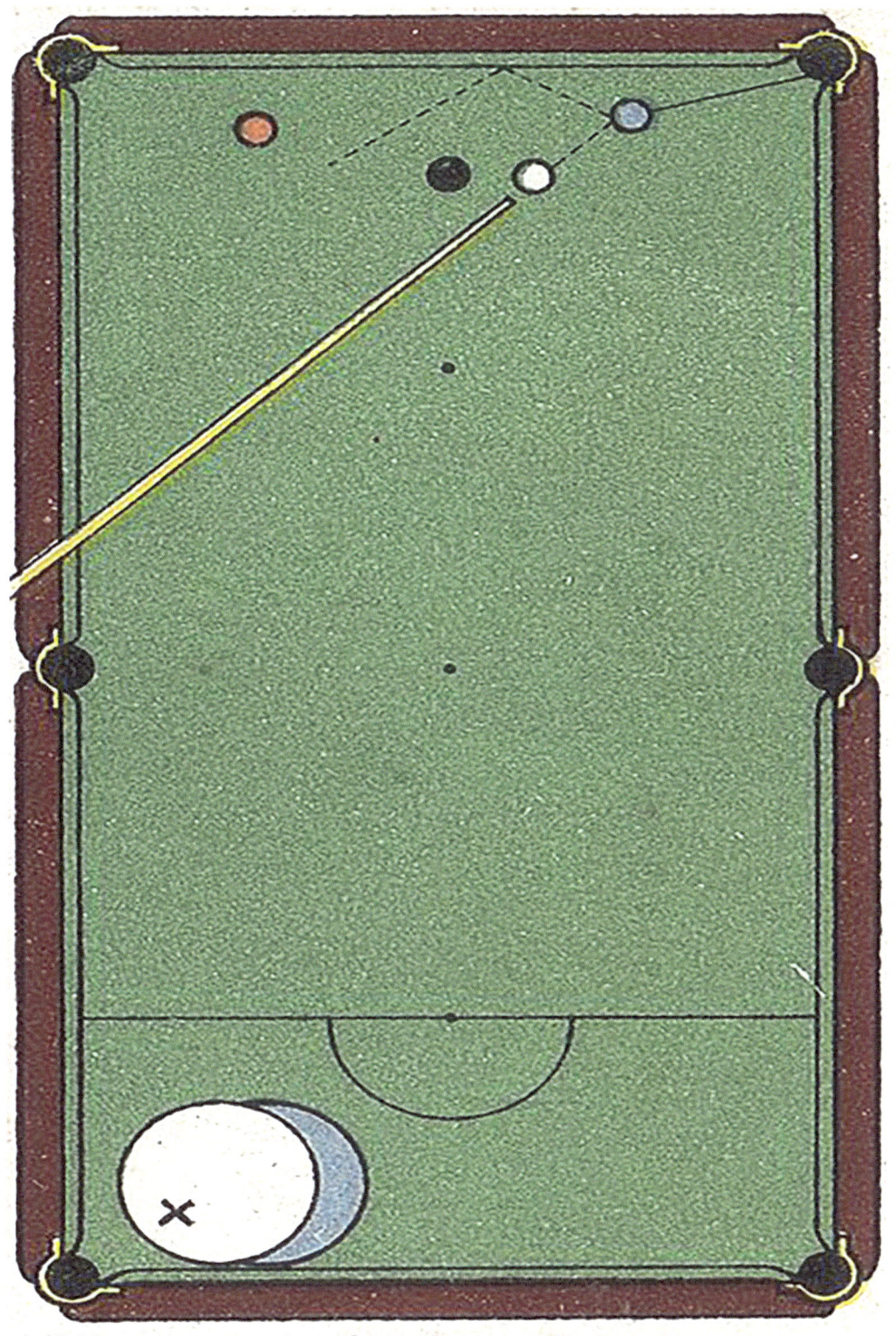

#48   **Snooker. Clearing the board.**

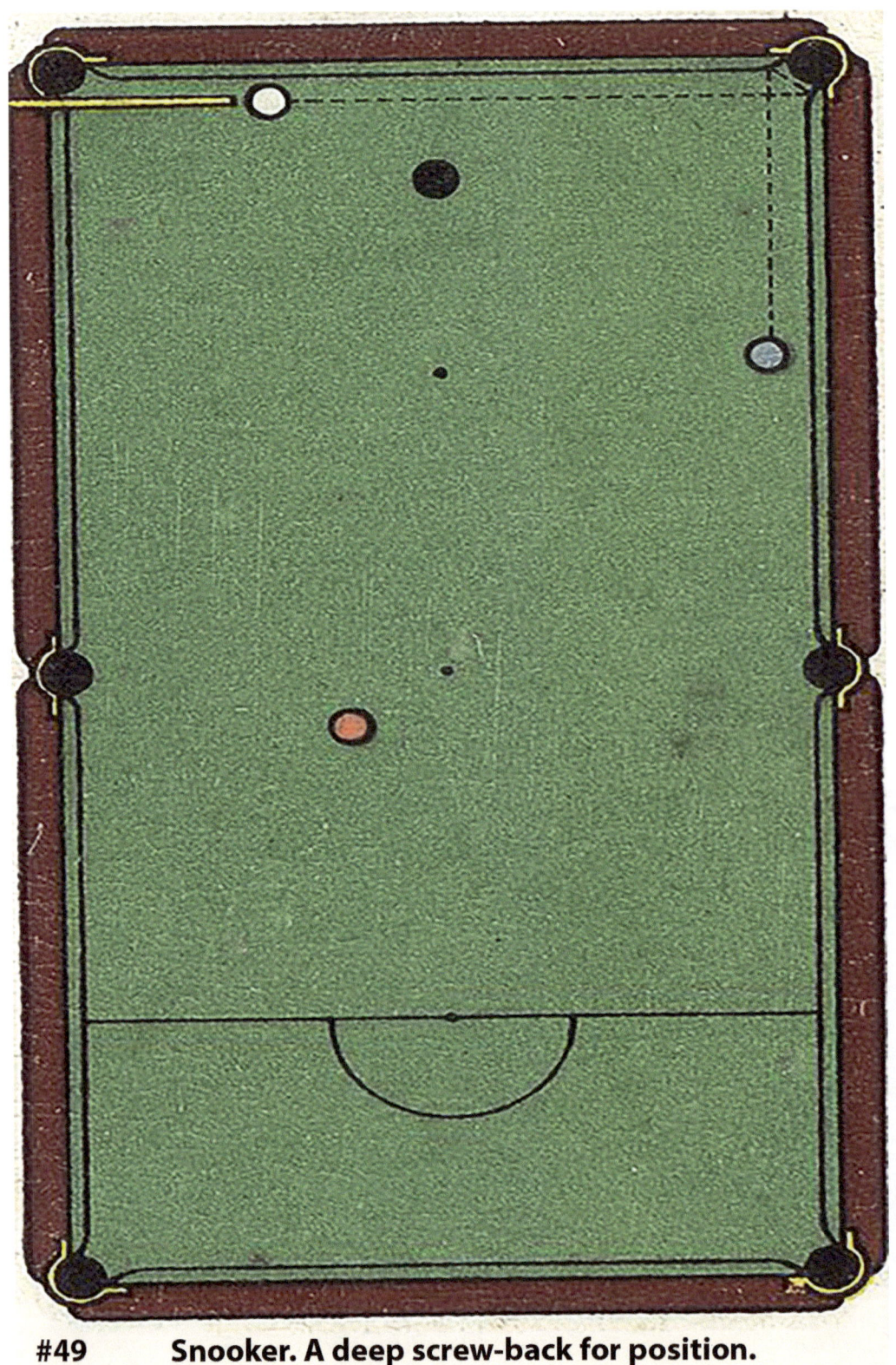

#49   **Snooker. A deep screw-back for position.**

#50   Snooker. An awkward "snooker.

EXIT!

THE
END

Look For Vol. 2

Soon!